Philippe Chavanne

Permakultur auf Balkon & Terrasse

Gemüse nachhaltig und giftfrei anbauen

Bassermann

INHALT

PERMAKULTUR
LEICHT
GEMACHT

WAS IST PERMAKULTUR?

Die Permakultur wurde erstmals in den 1970er-Jahren beschrieben. Es handelt sich dabei um eine nachhaltige Anbaumethode, bei der versucht wird, Ökosysteme zu erschaffen, die selbsterhaltend sind. Das Konzept geht zurück auf zwei Australier: den Wissenschaftler Bill Mollison und David Holmgren, einen Umweltdesigner, der seine Arbeit der Entwicklung ökologischer Gestaltungsprinzipien gewidmet hat. Ihre bittere Erkenntnis war, dass die Zukunft der Menschheit durch eine Erschöpfung der meisten natürlichen Ressourcen bedroht ist. Sie reagierten somit mit ihrem Konzept der Permakultur auf den Raubbau an allen Rohstoffquellen und auf die Belastungen und Gefahren, welche mit der sogenannten »konventionellen Landwirtschaft« durch den Einsatz von Kunstdünger und Pestiziden einhergehen, wie die Gefährdung der Gesundheit der Verbraucher bei gleichzeitig immer geringeren Erträgen.

Bei dieser Anbauweise geht es um gesunde, rentable und nachhaltige Anbaumethoden – für Landwirte ebenso wie für Hobbygärtner. Der englische Begriff »permanent culture« bedeutet »dauerhaft fortbestehende Landwirtschaft«.

INSPIRATION AUS DER NATUR, LEBEN IM EINKLANG MIT DER NATUR

Permakultur ist die Gestaltung, Schaffung und Erhaltung nachhaltiger Ökosysteme nach dem Vorbild der Natur. Sie befasst sich mit der Landwirtschaft, aber auch mit dem menschlichen Lebensraum und mit unseren sozialen Beziehungen. Somit ist sie Teil einer Lebensphilosophie. Wenn sich der Permakultur-Gärtner an der Natur orientiert, dann sollte er sie aber auch durch Einsatz gärtnerischer Praktiken unterstützen, welche die Natur respektieren.
Auch die Nutzung sanfter, sauberer und erneuerbarer Energiequellen – im Gegensatz zu Kernenergie und fossilen Brennstoffen – ist Teil des Permakulturkonzepts. Eine optimale Wasserbewirtschaftung, die Förderung der Anwesenheit von Tieren – einschließlich wertvoller Hilfsinsekten und Bestäuber – und die Begrenzung von Verschwendung und Abfall gehören ebenfalls dazu.

DIE 12 GESTALTUNGSGRUNDSÄTZE

1 Beobachte und handle.
2 Sammle und speichere Energie.
3 Erwirtschafte einen Ertrag.
4 Wende Selbstregulierung an und lerne aus dem Feedback.
5 Nutze erneuerbare Ressourcen.
6 Produziere keinen Abfall.
7 Gestalte erst Muster, dann Details.
8 Integrieren statt abgrenzen.
9 Setze auf kleine, langsame Lösungen.
10 Nutze und schätze die Vielfalt.
11 Nutze Randzonen und schätze, was unbedeutend erscheint.
12 Reagiere kreativ auf Veränderung.

DIE 3 ETHISCHEN GRUNDGEDANKEN

1 »Earthcare«: Sorge für die Erde.
2 »Peoplecare«: Sorge für die Menschen.
3 »Fairshares«: Achte auf eine gerechte Verteilung der Ressourcen und die Umverteilung der Überschüsse.

VOM GARTEN ZUM BALKON

Der Anbau von Gemüse und Kleinobst in Töpfen oder Blumenkästen bringt natürlich immer weniger Ertrag als der Anbau in einem »Freiland-Gemüsegarten«. Und dennoch: Bei richtiger Gestaltung und Nutzung kann selbst der kleinste Balkon einen guten Teil des Familienbedarfs an Obst, Gemüse und Kräutern decken. Darüber hinaus – und das ist wichtig festzuhalten – ermöglicht der Bio-Gemüsegarten auf dem Balkon der Familie, die volle Kontrolle über die Qualität der angebauten und verzehrten Produkte zurückzugewinnen. Neben dem Beitrag zur Selbstversorgung und den realen finanziellen Einsparungen ist dies wahrscheinlich einer der größten Vorteile.

PERMAKULTUR AUF DEM BALKON:

nachhaltiger Anbau in Töpfen und Pflanzgefäßen

Sie müssen kein Grundbesitzer sein und können doch Ihr eigenes Bio-Obst und -Gemüse in Permakultur anbauen. Ein einfacher Balkon reicht aus. Die Permakultur erfordert weniger Arbeit als andere, konventionellere Anbauformen, weniger Pflege und Unterhalt. Das funktioniert, solange man die Einschränkungen der Umgebung akzeptiert und seine Entscheidungen und Vorgehensweisen nach und nach an die Gegebenheiten anpasst.

FEHLER UND MISSERFOLGE AKZEPTIEREN

Gewiss ist es für einen Gartenanfänger nicht immer einfach, das Abenteuer Bio-Garten ohne eigenes Terrain anzugehen, aber es ist nicht unmöglich. Tatsächlich ist es sogar sehr lohnend und aufregend! Das Wichtigste ist, bestimmte Regeln und Vorsichtsmaßnahmen zu beachten, aber auch keine Angst vor Fehlern oder Misserfolgen zu haben, die am Anfang fast unvermeidlich sind.

Um es ganz klar zu sagen: Nur weil die Erdbeerpflanze in diesem Jahr keine Früchte getragen hat, bedeutet das nicht, dass es niemals funktionieren wird. Das Wichtigste ist, sich nicht entmutigen zu lassen, nicht aufzugeben, aus seinen Fehlern zu lernen, wieder von vorn anzufangen. Und vor allem genießen Sie es, mit den Händen in der Erde zu graben und Ihr Gemüse gesund, schmackhaft und frisch zu ernten!

FÜNF GRUNDREGELN FÜR MAXIMALEN ERFOLG

1 Berücksichtigen Sie die Lage des Balkons: Verteilen Sie die Pflanzen entsprechend der Sonneneinstrahlung. Einige Gemüsesorten, wie Paprika oder Tomaten, können an Stellen mit maximaler Sonneneinstrahlung gepflanzt werden, während andere Pflanzen, etwa Salat, eher im Halbschatten gedeihen.

2 Betrachten Sie den Raum horizontal und vertikal: Die Grundfläche des Balkons ist begrenzt und damit auch der Platz für den Anbau von Pflanzen. Es ist jedoch möglich, diesen Raum perfekt auszunutzen, indem man einige Pflanzen nach Wuchshöhe anbaut und so die benötigte Bodenfläche reduziert. Lassen Sie Stangenbohnen oder eine Rebe an einem Spalier ranken, sorgen Sie für Drähte oder Tipis für Tomaten, die ohne Anbinden viel Platz einnehmen.

3 Stellen Sie Ihren eigenen Kompost her: Permakultur ist eine ökologischere Art des Anbaus und der Lebensweise, sodass die Herstellung von »Hauskompost« auf der Hand liegt. Die gute Nachricht ist, dass man mit der Wurmkompostierung auf dem Balkon oder sogar in der Wohnung (z. B. in einer Ecke der Küche) ausgezeichneten Kompost herstellen kann, ohne dass es unangenehm riecht. Sie können sich aber auch in Ihrer Nachbarschaft umhören, ob in Ihrer Nähe Abfälle für die gemeinschaftliche Kompostierung gesammelt werden – solche Gartenprojekte werden immer beliebter.

4 Bevorzugen Sie aus ökologischen Gründen Material, das bereits in Gebrauch war: Kaufen Sie Töpfe und Pflanzgefäße auf dem Flohmarkt, fragen Sie bei Freunden nach, ob dort Verwendbares ungenutzt in der Ecke steht, basteln Sie ein Pflanzgefäß aus einer Palette, die Sie herumliegen haben – der Kreativität sind keine Grenzen gesetzt.

5 Schaffen Sie gute Bedingungen für die Artenvielfalt: Alle Insekten, Vögel und Schnecken haben in der Natur ihren Nutzen. Stellvertretend seien hier nur der Marienkäfer, der Blattläuse mag, und die Biene, die Pflanzen bestäubt, erwähnt. Bei einem Permakultur- und Bio-Gemüsegarten auf dem Balkon geht es vor allem darum, das Leben auf dem Balkon zu fördern, indem man akzeptiert, dass er manchmal als Speisekammer für Insekten und Vögel dient. Ihre Aufgabe ist es, sanfte Lösungen auszuprobieren, die gleichzeitig effizient sind: Netze aufhängen, die Anpflanzungen täglich kontrollieren, unerwünschte Pflanzen entfernen, sie vor Wind und Sonne schützen. Nach und nach werden Sie verstehen, wo es ein Problem gibt, und eigene Lösungen finden.

AUFLAGEN

UND TECHNISCHE ANFORDERUNGEN

Je nach technischer Ausstattung des Balkons und den geltenden Vorschriften ist es also möglich, Ihren Balkon in ein kleines Naturparadies zu verwandeln, das Ihnen die Selbstversorgung mit Obst und Gemüse ermöglicht. Auf einem Balkon kann man (fast) alles anbauen.

Die vielleicht größte Herausforderung besteht darin, den Raum zu optimieren, um so viele Pflanzen wie möglich unterzubringen. Natürlich sollte dabei auch eine kleine Ecke zum Entspannen geschaffen werden. Allerdings müssen die Vorschriften, die technischen Eigenschaften des Balkons und die Umweltbedingungen berücksichtigt werden.

REGELN ÜBER REGELN

Lesen Sie zunächst die Hausordnung Ihrer Wohnung. Es wäre doch schade, Zeit, Mühe und Geld in schöne Topfpflanzen zu investieren, nur um sie später wieder entfernen zu müssen. Eines ist sicher: Es ist verboten, Pflanzgefäße außerhalb des Geländers aufzuhängen, um zu verhindern, dass sie auf Passanten herabfallen, wie das bei starken Windböen passieren könnte.

Es kommt darüber hinaus vor, dass Gemeinden sehr spezifische lokale Vorschriften erlassen, um die Bepflanzung außerhalb von Wohnungen zu regeln. Diese Vorschriften beruhen beispielsweise auf Kriterien der ästhetischen Homogenität oder dem Verbot allzu stark wuchernder Arten. Fragen Sie bei der Gemeindeverwaltung nach.

TECHNISCHE EINSCHRÄNKUNGEN

Der Anbau in Töpfen und Pflanzgefäßen ist keine Kleinigkeit – nicht nur in Bezug auf den Platz, sondern auch in Bezug auf das Gewicht. Erde ist ein sehr schweres Material, erst recht, wenn sie bewässert wird. Ein 40-l-Sack Blumenerde zum Beispiel wiegt 15 kg und ist nach dem Gießen 20 bis 50 % schwerer. Hinzu kommt das Eigengewicht der Pflanzgefäße, das ebenfalls nicht zu vernachlässigen ist. Ein Tontopf ist natürlich viel schwerer, als ein Pflanzgefäß aus Holz, ein Kunststofftopf oder ein Anzuchtbeutel mit demselben Fassungsvermögen.

Ein relativ neuer Balkon kann in der Regel ein Höchstgewicht von 350 kg/m² tragen. Das mag viel klingen, ist aber schnell erreicht. Um bauliche Probleme, wie Risse oder gar einen Absturz zu vermeiden, sollten Sie sich vom Eigentümer, einem Bauunternehmer oder dem Gebäudeverwalter schriftliche Unterlagen zu diesen technischen Fragen besorgen, insbesondere dann, wenn es sich um ein altes Gebäude handelt.

Und wenn wir schon beim Thema Technik sind: Es ist auch wichtig zu prüfen, ob der Balkon wasserdicht ist und ob das Wasser richtig abläuft. Auch wenn die Bewässerung gut geregelt ist, wird auf dem Balkon häufiger und ausgiebiger gegossen als in einem herkömmlichen Gemüsegarten. Der Balkon muss absolut wasserdicht sein, und das Wasser muss optimal abfließen können. Auch hier kann der Rat eines kompetenten Fachmanns entscheidend sein.

SO ENTSTEHT EIN NUTZBALKON

in drei Schritten

Ein Balkon, auf dem jedes Pflanzenelement gut zur Geltung kommt, sollte das Ziel sein. Er wird Ihre tägliche Umgebung positiv verändern. Eine solche gut funktionierende und harmonische Gestaltung bedarf der Vorbereitung.

SCHRITT EINS: BESTANDSAUFNAHME

In dieser ersten Phase werden die positiven Voraussetzung Ihres Balkons – gute Sonneneinstrahlung, wenig Wind, schöne freie Sicht – und die negativen – sehr nahe oder zu neugierige Nachbarn, Verschmutzung, zu viel Sonne – aufgeführt. Dies ist auch der Zeitpunkt, an dem Sie über den Entspannungsbereich nachdenken sollten. Und zur Bepflanzung selbst: Welche Gemüse, Früchte und Kräuter hätten Sie am liebsten?

SCHRITT ZWEI: PLANUNGSSKIZZE

Bei der Planung spielt es keine Rolle, ob Sie einen Bleistift und Millimeterpapier oder ein spezielles Computerprogramm verwenden. Erstellen Sie einen maßstabsgetreuen Plan mit allen wichtigen Elementen: Türen und Fenster, Trennwände zu den Nachbarn, Wände, an denen Sie Behälter aufhängen oder ein Regal aufstellen wollen.

Wo befindet sich Ihre Wasserversorgung? Wenn es auf dem Balkon keinen Wasserhahn gibt, müssen Sie in der Küche einen speziellen Wasserhahnanschluss einsetzen. Ist das nicht möglich, können Sie davon ausgehen, dass Sie sich sportlich betätigen werden, indem Sie mit vollen Gießkannen in der Hand durch die Wohnung laufen! Oder ist es möglich, Regenwasser aufzufangen?

SCHRITT DREI: LAGEPLANUNG

Dieser letzte Schritt ermöglicht es Ihnen, die schattigen und sonnigen Bereiche zu verschiedenen Tageszeiten, die vorherrschenden Winde und die Aussicht von der Wohnung aus in den Plan einzutragen. Die Westausrichtung ist ideal, im Süden müssen Sie wahrscheinlich mehr über Sonnenschutz und eine intensivere Bewässerung nachdenken, im Osten und Norden werden Sie dagegen die Sonne eher vermissen. Erst wenn der Plan für den Balkon fertiggestellt ist, können Sie mit der Umsetzung des Projekts beginnen.

WERKZEUG, PFLANZGEFÄSSE
UND SUBSTRAT

Wenn Sie in den besten Gärtnereien und Gartenzentren unterwegs sind, um nach biologischen Pflanzen und Samen zu suchen, sollten Sie auch daran denken, einiges an Werkzeug, Töpfe, Kübel und Pflanzgefäße sowie biologisches Substrat zu kaufen.

WERKZEUG: DIE GRUNDAUSSTATTUNG

> **Eine Garten- und eine Küchenschere**
> **Eine Pflanzkelle:** Sie hilft Ihnen vor allem beim Umsetzen junger Pflanzen und beim Einbringen von Erde.
> **Zwei Gießkannen:** eine mit einem Fassungsvermögen von 10 l für die Bewässerung größerer Pflanzen sowie eine mit einem Fassungsvermögen von 3 bis 5 l

und einer feineren Düse für die Bewässerung kleinerer Töpfe. Erwägen Sie die Verwendung eines Sprühgeräts für die Setzlinge.

- **Rankhilfen und Bindebänder:** Bevorzugen Sie hierbei Rankhilfen aus Naturmaterialien, wie Bambus, Haselnussstämme usw.
- **Anzuchttöpfe, Abfallbehälter und Etiketten:** In die Anzuchttöpfe und Schalen können Sie säen, mit den Etiketten können Sie sie sicher kennzeichnen.
- **Ein kleines Gewächshaus:** für Ihre Aussaaten.
- **Eine Saathilfe und eine kleine Kelle (oder ein Brett):** Sie verschwenden kein Saatgut und können die Setzlinge dichter pflanzen.
- **Mulch:** zum Schutz des Substrats.
- **Lehmkugeln (oder Kies) und Gartenfilz:** Berücksichtigen Sie immer eine Drainageschicht von 20 % der Höhe der Töpfe, die auf einem Filz am Boden des Topfes platziert wird.

PFLANZGEFÄSSE: PRAKTISCH UND LEICHT

- **Terrakotta-Töpfe:** Sie haben zwar den Nachteil, dass sie sehr schwer sind, besitzen aber einen hohen ästhetischen Wert. Darüber hinaus ist das Material wasser- und luftdurchlässig. Dies wirkt sich positiv auf die Gesundheit der Pflanzen aus.
- **Holztöpfe:** Sie sind stabiler als Tontöpfe und leichter. Holz wirkt isolierend und ist frostbeständig, aber auch wasserempfindlich und kann verrotten. Die Innenwände sollten deshalb mit einer unverrottbaren Folie ausgekleidet werden.
- **Plastiktöpfe:** Sie sind leicht, einfach zu transportieren, günstig in der Anschaffung, gut zu reinigen und oft in leuchtenden, schönen Farben erhältlich. In hellen Farbtönen absorbieren sie weniger Wärme.

- **Blumenkästen:** In ihnen lassen sich herrliche Arrangements aus Blumen, Gemüse oder kleinen Pflanzen schaffen.
- Grow Bags: Sie sind stark, leicht und sehr praktisch durch ihre Griffe. Seien Sie vorsichtig: Da das Gewebe das überschüssige Wasser durchlassen kann, ist es notwendig, eine Auffangvorrichtung zu planen – etwa

WICHTIG ZU WISSEN

Die Tiefe der Gefäße sollte mindestens 20 cm, bei Möhren und Tomaten sogar 30 cm betragen.

eine Schale –, um den Balkon nicht zu überfluten. Sie sind wiederverwendbar, leicht zu reinigen und einfach zu lagern. Es gibt große Formate, wie zum Beispiel Wannen, und auch kleine Taschen zum Aufhängen.

> **Untersetzer und Schalen:** Sie müssen das überschüssige Gießwasser auffangen, damit es nicht bei den Nachbarn landet. Versehen Sie alle großen Behälter mit Rolluntersetzern!

VIER EIGENSCHAFTEN EINES GUTEN SUBSTRATS

Gartencenter bieten eine Fülle von Substraten – von künstlichen, die immer vermieden werden sollten, bis zu ökologischen, die zu bevorzugen sind.

> Damit ein Substrat gesund, effizient und kurz gesagt gut für die Pflanzen ist, sollte es vier Eigenschaften aufweisen. Es muss leicht sein, eine gute Porosität aufweisen, ein gutes Luft- und Wasserspeichervermögen haben und genügend Nährstoffe enthalten, um eine gute Pflanzengesundheit zu gewährleisten.

> Viele Substrate enthalten Torf, der oft als ein »Muss« dargestellt wird. Diese Substrate sollten vermieden werden: Torfmoore sind sehr empfindliche Ökosysteme, die außerordentlich reich an Flora und Fauna sind und leider zu sehr ausgebeutet werden. Fügen Sie stattdessen Perlit hinzu, oder lockern Sie die Erde mit Kompost oder noch besser mit selbstgemachtem Wurmkompost auf.

> Gartenerde ist für den Anbau in Töpfen nicht geeignet: Sie ist zu schwer, zu nährstoffarm und speichert zu wenig Wasser. Billige Blumenerden, die in einigen Supermärkten verkauft werden, sollten ebenfalls vermieden werden: Die meisten von ihnen enthalten Rückstände aus Kläranlagen – einschließlich Schwermetalle –, die nicht mit Permakultur, biologischem Gärtnern und schließlich der Erhaltung Ihrer Gesundheit vereinbar sind.

> Für den Anbau auf dem Balkon verwenden Sie eine gute Gemüseerde, Geranien- oder Erdbeererde. Vermeiden Sie Universal-Blumenerden.

DIE RICHTIGEN MENGEN

Für ein 30 × 60 cm großes Pflanzgefäß benötigen Sie etwa 120 l Blumenerde, für ein 30 × 30 cm großes Pflanzgefäß etwa 50 l.

BEST PRACTICE BEIM GÄRTNERN

WAS DABEI WICHTIG IST

Damit der Anbau von Zier- und Nutzpflanzen auf dem Balkon gelingt, ist es wichtig, dass »jeder Handgriff sitzt«. Die Bewässerung, die Förderung der Artenvielfalt, das Wissen um die Aussaat und die Bepflanzung, das Abenteuer Wurmkompost – all das sind wichtige Dinge, die man beherrschen sollte, will man gute Ergebnisse erzielen.

RICHTIG AUSSÄEN

Die Aussaat kann auf zwei verschiedene Arten erfolgen: entweder direkt im Freien oder im Haus. Rote Beten, Karotten, Spinat, Herbstsalat, Radieschen, Schwarzwurzeln, Rüben, Kerbel, Wegwarte, Schnittlauch, Puffbohnen, Feldsalat, Sauerampfer und Thymian können direkt in die Pflanzgefäße gesät werden. Füllen Sie die Pflanzgefäße oder Töpfe mit einer feinen organischen Saatbeetmischung. Säen Sie in die Pflanzgefäße in Reihen, indem Sie eine Furche ziehen und das Saatgut gleichmäßig verteilen. In der Regel hängt die Tiefe, in die die Samen gepflanzt werden, von ihrer Größe ab: Sie beträgt das zwei- bis dreifache ihres Durchmessers. Ein kleiner Samen wird daher kaum mit Erde bedeckt sein, während ein größerer, zum Beispiel eine Bohne – etwa 3 cm Erde benötigt.

Unter erfahrenen Gärtnern gibt es ein Sprichwort: »Wer viel sät, erntet wenig«. Die richtigen Aussaatmengen sind in der Regel auf den Saatgutpackungen angegeben. Verwenden Sie eine Saathilfe für kleinere Samen.

Sie können auch im Haus säen. Füllen Sie die Anzuchttöpfe mit Aussaaterde und legen Sie die Samen je nach Sorte einige Millimeter tief hinein. Halten Sie die Erde feucht, aber nicht nass.

Stellen Sie Ihre Anzuchttöpfe in ein Mini-Gewächshaus oder hinter ein gut belichtetes Fenster, damit sie möglichst viel Licht bekommen. Es ist wichtig, dass die Keimbedingungen eingehalten werden.

DER BIODIVERSITÄT DEN VORZUG GEBEN

Nur selten wird erkannt, dass ein einfacher Balkon, und sei er noch so klein, zu einem Zufluchtsort für viele verschiedene Arten werden kann. Wie der Garten, so ist auch der Balkon nicht von der Umwelt abgeschnitten. Trotz der Hektik der Stadt und des allgegenwärtigen Betons können hier Vögel und nützliche Insekten heimisch werden. Allein hierdurch wird der Balkon zu einem wesentlichen Bestandteil des Netzwerks, das die Grünflächen der Stadt miteinander

EFFIZIENT PFLANZEN!

1. Tauchen Sie Ihre Pflanzen vor dem Einpflanzen 10 Minuten lang in Wasser, damit sie gut anwachsen.
2. Der Topf muss ein Drainageloch haben. Um die Drainage zu erleichtern, geben Sie eine Schicht Tonkugeln auf den Boden des Topfes.
3. Legen Sie vor dem Einbringen der Blumenerde einen auf die richtige Größe zugeschnittenen Filz ein, damit die Erde nicht in die Drainageschicht gelangt.
4. Füllen Sie den Topf und setzen Sie Ihre Pflanzen mit einem Setzholz. Drücken Sie die Erde mit den Fingerspitzen an, bewässern und mulchen Sie die Oberfläche.

verbindet. Um dieser Artenvielfalt gerecht zu werden, ist es ideal, Pflanzen einzusetzen, deren unterschiedliche Blühzeiten sich über den größten Teil des Jahres verteilen. Dies ist eine sehr wirksame Methode, um Nahrung und einen Entwicklungsplatz für bestäubende Insekten, wie Solitärbienen, Hummeln, Ohrwürmer, Marienkäfer, Schwebfliegen und andere, zu schaffen, sofern die Wohnung nicht allzu sehr in den oberen Etagen liegt. Die Insekten werden so zu Ihren wertvollsten Verbündeten bei der Bestäubung Ihrer Pflanzen, bei der Jagd auf Blattläuse oder Milben oder bei der Reinigung des Bodens durch Fressen von Pflanzenresten.

Vergessen Sie die Vögel nicht. Auch wenn sie in den Städten leider immer seltener werden. Stellen Sie Vogelhäuschen auf.

RICHTIG BEWÄSSERN

Bewässerung und Wassermanagement gehören zur Best Practice des Permakultur-Gärtners! Sie müssen nicht unbedingt in ein ausgeklügeltes Bewässerungssystem investieren, aber wenn Sie eine große Fläche haben und die Anschlüsse leicht zu bewerkstelligen sind, können Sie ein Tropfsystem installieren, um die Bewässerung zu steuern und Ihre Abwesenheiten zu kompensieren. Eine Grundregel für den Anfang: Pflanzen in Töpfen brauchen mehr Wasser als Pflanzen im Erdreich. Bei jedem Gießen sollte 1 l Wasser auf 10 l Substrat gegeben werden, wobei es sich hierbei um einen Durchschnittswert handelt. Er muss bei Hitzewellen, Regenperioden und besonderen Wetterereignissen den Umständen angepasst werden.

SIEBEN GRUNDREGELN FÜR MAXIMALEN ERFOLG

1 Mulchen Sie Ihre Töpfe: Wie im Garten muss auch hier die Oberfläche vor dem Austrocknen geschützt werden!

2 Beobachten Sie den Wetterbericht: Es ist sinnlos, Wasser zu verschwenden, wenn Regen angesagt ist.

3 Gießen Sie morgens und abends: Dies sind die beiden besten Tageszeiten zum Gießen. Außerhalb der heißesten Stunden ist die Verdunstung geringer.

4 Gießen Sie mäßig: Es ist nicht nötig, die Pflanzen in einer Wasserflut zu ertränken. Lassen Sie die Erde zwischen zwei Gießvorgängen etwas austrocknen – allerdings nicht bis zur völligen Trockenheit.

5 Gießen Sie von Fuß zu Fuß: Vermeiden Sie es, Blüten und Blätter zu benetzen, da sich sonst bestimmte Krankheiten entwickeln können.

6 Verwenden Sie Untersetzer: Unter den Töpfen angebracht, stellen sie in den wärmeren Jahreszeiten wertvolle kleine Wasservorräte dar. Lassen Sie Ihre Pflanzen im Winter jedoch nicht im Wasser der Untersetzer baden.

7 Vernachlässigen Sie das winterliche Gießen nicht: Auch im Winter sind Pflanzen durstig. Modulieren Sie Ihr Gießen je nach Niederschlag und vermeiden Sie das Gießen am späten Abend (vor allem bei Nachtfrost).

WURMKOMPOSTIEREN IN DREI SCHRITTEN

1 Stellen Sie den Wurmkomposter an einem ruhigen, erschütterungsfreien Ort in einem Raum bei einer Temperatur von 15–25 °C auf. Bereiten Sie den Boden für die Würmer vor: Füllen Sie die erste Ebene – die mit den Löchern – mit 4 bis 5 Lagen Zeitungspapier und 3 bis 4 cm Blumenerde ohne chemische Düngemittel. Befeuchten Sie die Erde. Setzen Sie Ihre Würmer ein und »füttern« Sie sie zwei oder drei Tage später mit ein wenig Pflanzenabfall, den Sie auf der Oberfläche verteilen.

2 Nach dieser Vorbereitungsphase haben die Würmer ihre Freude. Geben Sie ihnen nach und nach organische Abfälle, und gleichen Sie die Mengen aus: 70 % Obst- und Gemüseschalen auf 30 % Papier oder Pappe. Die Würmer erreichen nach vier bis sechs Wochen ihre maximale Leistung.

3 Der Wurmkompost ist gebrauchsfertig, wenn der gesamte Inhalt zersetzt ist. Das Volumen beträgt etwa 20 % des Volumens der verarbeiteten Abfälle. Die Würmer müssen dann in einen anderen Teil des Wurmkompostbehälters gesetzt werden. Trocknen Sie den Kompost vor der Verwendung im Freien auf dem Balkonboden und wenden Sie ihn täglich. Verwenden Sie den Kompost innerhalb von sechs Monaten, um seine ganze Reichhaltigkeit an Inhaltsstoffen zu nutzen, darunter Zink, Eisen, Phosphor, Kalzium, Kalium, Mangan, Magnesium. Verdünnter Kompostsaft – ein Drittel Saft zu zwei Drittel Wasser – wird einmal pro Woche zum Gießen der Pflanzen verwendet.

WURMKOMPOSTIERUNG

Die Wurmkompostierung ermöglicht die Herstellung von Qualitätskompost auch ohne Garten. Bei dieser Technik ist die Arbeit des Gärtners sehr begrenzt, denn die Würmer erledigen die meiste Arbeit. Sie ernähren sich von den in den Wurmkomposter eingebrachten organischen Küchenabfällen. Nach der Verdauung scheiden sie Kot aus, der als »Wurmkompost« bezeichnet wird. Er ist einer Bio-Erde von bester Qualität sehr ähnlich. Der Wurmkot hat die Form von kleinen dunklen Klumpen, die wie Blumenerde aussehen und einen leicht humusartigen Geruch haben.

Die Würmer sind daher der wichtigste Bestandteil des Wurmkomposts, vor allem diejenigen, die an der Oberfläche leben. Kalifornische Würmer *(Eisenia andrei)* ernähren sich von frischen Abfällen. Der Kompostwurm *(Eisenia fetida)* bevorzugt sich bereits zersetzendes organisches Material.

Würmer mögen Dunkelheit, eine mittlere Temperatur zwischen 15 und 25 °C, eine gut belüftete Umgebung und eine hohe Luftfeuchtigkeit zwischen 75 und 85 %. Sie fürchten jedoch Lärm, grobe Behandlung und starke Bodenerschütterungen. Sie sind sehr gefräßig und können täglich bis zur Hälfte ihres gesamten Körpergewichts aufnehmen.

Auf dem Komposthaufen nehmen sie alle organischen Stoffe auf: verwelkte Blumen, Obst, Gemüse, Teebeutel (ohne Heftklammern!), Kaffeesatz (auch mit Papierfilter), Eierschalen, Brot, Nudeln, Reis und andere Reste aus Ihrem Haushalt – alles in kleinen Stücken.

Geben Sie den Würmern jedoch keinen Fisch, kein Fleisch, keine Eier, keine Fette, keine Zitrusfrüchte, keinen Knoblauch, keinen Rhabarber, keine salzigen oder essighaltigen Speisereste. Auch Milchprodukte eignen sich nicht.

Pflanze	Pflanzzeit	Sonneneinstrahlung auf dem Balkon	Bewässerung	Wuchsgeschwindigkeit	Ernte
Aubergine	von Februar bis April	mehr als 6 Stunden	reichlich und regelmäßig	langsam	5 Monate nach der Pflanzung
Rote Bete	von März bis Juni	mehr als 6 Stunden	mäßig und regelmäßig	langsam	4 Monate nach der Pflanzung
Karotte	von Februar bis Juni	mehr als 6 Stunden	reichlich und selten	langsam	4 Monate nach der Pflanzung
Gurke	von April bis Mai	mehr als 6 Stunden	leicht und regelmäßig	langsam	3 Monate nach der Pflanzung
Spinat	von Februar bis Mai und von August bis November	4 bis 6 Stunden	mäßig und regelmäßig	schnell	1 ½ Monate nach der Pflanzung
Bohne	von April bis August	mehr als 6 Stunden	mäßig und regelmäßig	schnell	2 Monate nach der Pflanzung
Kopfsalat	von Februar bis Oktober	4 bis 6 Stunden	reichlich und regelmäßig	Schnell	1 ½ Monate nach der Pflanzung
Zwiebel	von Februar bis Mai und von August bis November	mehr als 6 Stunden	leicht und selten	langsam	2 ½ Monate nach der Pflanzung
Chili	von Februar bis Mai	mehr als 6 Stunden	leicht und regelmäßig	langsam	5 Monate nach der Pflanzung
Lauch	von Februar bis Mai und von Juli bis September	4 bis 6 Stunden	leicht und regelmäßig	langsam	4 Monate nach der Pflanzung
Kartoffel	von März bis Mai	4 bis 6 Stunden	leicht und selten	langsam	3 Monate nach der Pflanzung
Radieschen	Anfang Mai	4 bis 6 Stunden	reichlich und regelmäßig	schnell	2 Monate nach der Pflanzung
Tomate	von Februar bis Mai	mehr als 6 Stunden	leicht und regelmäßig	langsam	4 Monate nach der Pflanzung

GEEIGNETE FRÜCHTE
UND GEMÜSE FÜR DIE
BALKONKULTUR

Die Aubergine ist kalorienarm, reich an Ballaststoffen und Antioxidantien und wurde im 13. Jahrhundert aus Indien oder Asien in den Mittelmeerraum eingeführt, wo sie in prähistorischer Zeit in die Hausgärten Eingang fand. Der kräftige Stengel ist behaart und trägt große Blätter mit rauer Oberfläche. Haben Sie Bedenken, bei der Aussaat Fehler zu machen? Dann besorgen Sie sich Setzlinge in Töpfen, die Sie Ende Mai auf Ihren Balkon stellen.

Anbau und Pflege

1 Säen Sie die Samen Ende Februar oder Anfang März im Haus in Anzuchttöpfen aus (2 bis 3 Samen pro Eimer). Nach 15 bis 20 Tagen wählen Sie aus jedem Anzuchttopf die stärkste Pflanze aus. Pikieren Sie die Pflanze in einen Topf mit 8 cm Durchmesser.

2 Mitte Mai stellen Sie die Jungpflanzen in Töpfen mit 40 cm Durchmesser auf den Balkon. Schneiden Sie sie zurück. Entfernen Sie die Seitentriebe und behalten Sie den Haupttrieb.

3 Bildet dieser fünf oder sechs Blätter aus, so schneiden Sie ihn ab, damit sich weitere Seitentriebe bilden. Sobald jeder Trieb zwei Blüten angesetzt hat, entfernen Sie die Spitze und lassen Sie jeweils ein oder zwei Blätter über der höchsten Blüte stehen. Entfernen Sie neue Triebe und behalten Sie fünf bis zehn Früchte pro Pflanze.

>Auberginen brauchen viel Sonne und sind anspruchsvoll, was den Wasserverbrauch angeht. Bei heißem Wetter alle zwei Tage gießen, außerhalb der großen Hitzeperioden genügt es, alle drei bis vier Tage zu gießen. Zwischen Juli und Mitte September kann dem Wasser einmal wöchentlich ein kaliumreicher organischer Dünger zugesetzt werden. Geerntet wird, wenn die Fruchtschale gleichmäßig gefärbt ist.

Bevorzugte Sorten

- ‘Money Maker F1’ (bis zu 20 cm lange Früchte)
- ‘Blanche Ronde’ (alte Sorte, kleine weiße bis gelbe, ovale Früchte)
- ‘Ophelia F1’ (Zwergsorte, dunkelviolette, runde Früchte, 3 bis 4 cm Durchmesser)

Neben der Kartoffel ist die Karotte das wichtigste Wurzelgemüse der Welt. Ursprünglich war die Karotte lila, nicht sehr süß und faserig. Die heutige oft orangefarbene, zarte und süße Karotte ist erst vor etwa 300 Jahren entstanden. Die zweijährige, sehr karotinreiche Pflanze wird wegen ihrer fleischigen, essbaren Pfahlwurzel angebaut, die als Gemüse gegessen wird. Sie können Ihre Karotten mit Salat kombinieren, um die Setzlinge zu schützen.

Anbau und Pflege

1 Die Karotte wird von Februar bis Juni in einem quadratischen oder rechteckigen Behälter mit einem Abstand von 40 cm in alle Richtungen oder in einem 40 cm tiefen Blumenkasten ausgesät. Füllen Sie den Topf mit einem Substrat, das zu einem Drittel aus Flusssand und zu zwei Dritteln aus organischer Blumenerde »Speziell für den Gemüsegarten« besteht, und fügen Sie organischen Kompost hinzu.

2 Säen Sie das Saatgut in lichten Reihen aus oder verwenden Sie ein Saatband, und bedecken Sie es leicht mit Erde. Drücken Sie mit dem Handrücken die Erde leicht an.

3 Gießen Sie die Aussaat mäßig an, und verwenden Sie dabei eine Gießkanne mit feiner Düse. Die Bewässerung sollte leicht und regelmäßig sein, um den Austrieb zu fördern und rote Spinnmilben fernzuhalten. Im Monat nach der Aussaat häufiger, dann einmal pro Woche gießen, vor allem auch im Sommer bei trockenem Wetter.

>Wählen Sie, wenn möglich, einen sonnigen Standort. Halbschatten ist ebenfalls geeignet, das Wachstum der Pflanzen braucht dann aber mehr Zeit. Auf 3 cm ausdünnen, wenn die Pflanzen 4 oder 5 Blätter haben, dann auf 8 cm, wenn sie buschiger geworden sind. Die Ernte erfolgt von Mai bis November.

Bevorzugte Sorten

- 'Harlekin Mischung' (mit mehrfarbigen Wurzeln)
- 'Turbo' (mit saftigen Wurzeln)
- 'Red Samurai' (rote Wurzeln)

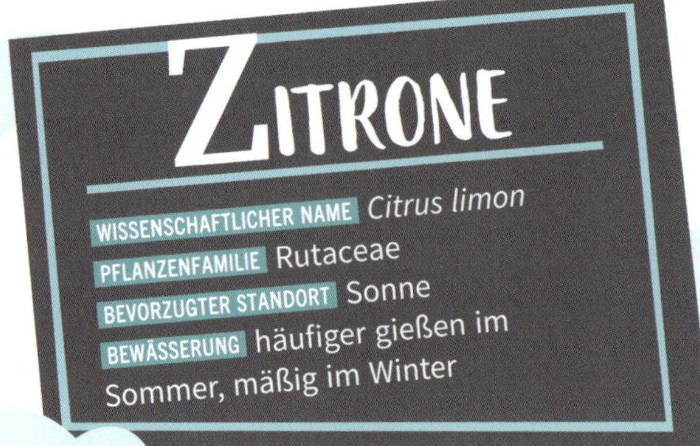

Die Zitrone hat eine ovale Form und ist eine fleischige Frucht, deren Schale aus zwei übereinanderliegenden Schichten besteht: der äußeren gelben und der weißen inneren Schale. Farbe, Geschmack, Aroma, Säure- oder Zuckergehalt und der Gehalt an ätherischen Ölen variieren von Sorte zu Sorte und je nach Anbaugebiet oder Klima.

Anbau und Pflege

1 Wählen Sie ein großes Terrakotta- oder Holzgefäß oder einen Topf mit Drainageloch, damit die Luft hindurchströmen kann und an den Wurzeln keine Staunässe entsteht. Legen Sie eine Schicht aus Kies oder Tonkugeln in den Behälter und füllen Sie damit rund 20 % des Topfes.

2 Stellen Sie eine Mischung aus organischer Blumenerde, organischem Kompost und Flusssand her. Verteilen Sie eine Schicht dieser Mischung auf dem Kiesbett, und setzen Sie dann den Zitronenbaum so ein, dass zwischen Erdoberfläche und Topfrand ein Abstand bleibt. Das erleichtert das Gießen.

3 Füllen Sie verbleibende Freiräume mit der Pflanzmischung. Verdichten Sie die Erde um den Wurzelballen. Gießen Sie ausreichend an und entfernen Sie so Lufteinschlüsse in der Erde.

> **Bei warmem Wetter** regelmäßig gießen, aber nicht mit abgestandenem Wasser.

> **Überwintern Sie die Pflanze ab Herbst.** Ab einer Temperatur von 8 bis 12 °C die Gießabstände ausdehnen. Zur Wachstumskontrolle regelmäßig beschneiden. Geerntet wird von November bis März.

Bevorzugte Sorten

- 'Citrus limon' (oder 4-Jahreszeiten-Zitronenbaum, ein Klassiker)
- 'Cerza' (mit ovalen, hellgelben, sehr säuerlichen, kernlosen Früchten)
- 'Lemox' (ovale, glattschalige, dünne Frucht, kernlos)

Gurken werden wegen ihres saftigen, erfrischenden und knackigen Fruchtfleisches geschätzt. Das raue Laub und die großen gelben Blüten sind eine schöne Zierde. Für kleine Balkone eigenen sich Sorten, die nicht zu starker Triebbildung neigen. Die selbstbestäubenden Sorten, ohne männliche Blüten, geben kernlose Früchte.

Anbau und Pflege

1 Gurken brauchen ein ziemlich großes Gefäß, gute Sonneneinstrahlung (aber nicht die sengende Mittagssonne), Licht, Wärme und einen windgeschützten und frostfreien Standort. Aussaat April bis Mai im Haus (20 °C), 2 bis 3 Samen pro Topf.

2 Nach der Keimung behalten Sie die kräftigste Pflanze und stellen den Topf ins volle Licht. Stellen Sie die Pflanzen gegen Ende Mai auf den Balkon, und zwar in einem Topf, der breiter als hoch und mindestens 40 cm tief ist.

3 Um größere Früchte zu erzielen, begrenzen Sie deren Anzahl durch Beschneiden: den Haupttrieb oberhalb des vierten Blattes abschneiden, dann die Nebentriebe über dem zweiten oder dritten Blatt.

>Während des Wachstums der Früchte reichlich wässern. Tägliches Gießen an heißen Tagen (ohne Staunässe). Geben Sie alle 14 Tage einen flüssigen organischen Dünger ins Gießwasser.

>Geerntet wird, wenn die Früchte noch nicht zu groß sind und bevor sie gelb werden. Das regt die Bildung neuer Früchte an.

Bevorzugte Sorten

- 'Champion F1' (bildet keine Ausläufer, Früchte 25 cm lang)
- 'Lemon' (alte Sorte, runde und gelbe Früchte)
- 'Jazzer F1' (bildet keine Ausläufer, Früchte 20 cm lang)

Ursprünglich stammt die Zucchini aus Mittelamerika und ist eine im Anbau interessante Pflanze. Hat ihr Wachstum einmal Fahrt aufgenommen, produziert sie ständig neue Früchte. Eine einzige Pflanze reicht aus, um den Bedarf einer drei- bis vierköpfigen Familie zu decken. Für kleine Balkone eigenen sich Sorten, die nicht zu starker Triebbildung neigen. Zusätzlicher Anreiz: die großen, gelben Blüten haben einen echten dekorativen Mehrwert.

Anbau und Pflege

1 Säen Sie die Zucchini im April–Mai im Haus (20 °C) aus, und zwar 3 bis 4 Samen pro Topf. Nach der Keimung behalten Sie die kräftigste Pflanze und stellen den Topf ins volle Licht.

2 Stellen Sie die Pflanzen Mitte Mai in einem 35 bis 40 cm breiten und hohen Topf auf den Balkon an einen sonnigen und windgeschützten Standort.

3 Um Wachstum und Verästelung zu begrenzen, kappen Sie den Haupttrieb oberhalb von zwei Blättern, wenn die Pflanze bereits vier bis fünf Blätter ausgebildet hat. Später kappen Sie die Spitzen jeweils zwei Blätter über jeder Frucht.

> **Gießen Sie reichlich,** im Sommer sogar täglich (je nach Hitze), aber ohne Staunässe im Pflanzenuntersetzer zu erzeugen. Geben Sie alle vierzehn Tage einen flüssigen organischen Dünger ins Gießwasser.

> **Geerntet wird,** bevor die Zucchini zu groß werden – je größer sie sind, desto mehr verlieren sie an Geschmack.

Bevorzugte Sorten

- ‘Black Forrest F1’ (kletternde Pflanze, lange, grüne Früchte)
- ‘Summer Ball F1’ (bildet keine Ausläufer, runde, goldgelbe Früchte)
- ‘Mini-Zucchini Piccolo F1’ (lange Früchte, dunkelgrün mit hellgrünen Streifen)

Die Erdbeere ist eine der beliebtesten roten Früchte und ein absolutes Muss im Nutzgarten, auch auf dem Balkon. Die heute in Europa angebauten Erdbeerpflanzen stammen von Pflanzen ab, die aus Chile eingeführt wurden. Es ist eine sehr einfach zu pflegende Pflanze, die selbst Kinder schon anbauen können! Um Vögel davon abzuhalten, an Ihrem Obst zu picken, vergessen Sie nicht, ein kleines Netz zu spannen.

Anbau und Pflege

1 Kaufen Sie die Pflanzen im Frühjahr oder Spätsommer, setzen Sie sie in 25 cm hohe Töpfe oder in einen Blumenkasten und zwar in eine reichhaltige Anzuchtmischung. Eine organische Blumenerde, die mit Kompost angereichert ist, eignet sich hervorragend.

2 Da die Erdbeerpflanze wasser- und nährstoffhungrig ist, muss sie bei heißem und trockenem Wetter großzügig und regelmäßig gegossen werden. Die Bodenmischung sollte dabei stets feucht bleiben. Diese Bewässerungen sollten bei kühlerem und feuchterem Wetter in entsprechend größeren Abständen erfolgen.

3 Mulchen Sie die Oberfläche des Bodens mit einer Schicht Stroh oder Kiefernrinde, damit die Früchte nicht verfaulen. Geben Sie zwischen April und September jeden Monat einen kaliumreichen organischen Dünger, zum Beispiel ein Produkt auf Algenbasis, zu.

> **Schneiden Sie regelmäßig die Ausläufer aus der Pflanzenmitte,** um diese nicht zu schwächen und die Fruchtbildung anzuregen. Entfernen Sie alle Blätter, die Anzeichen von Krankheiten aufweisen. Stellen Sie die Töpfe im Winter in eine windgeschützte Ecke des Balkons und schützen Sie die Pflanze vor Frost.

> **Geerntet wird,** wenn die Früchte kräftig rot sind, indem der Stiel vorsichtig abgebrochen wird.

Bevorzugte Sorten

- ‘Mara des Bois’
- ‘Magnum Cascade’ (trägt durchgehend von Juni bis Oktober kleine, aber sehr geschmacksintensive Früchte)

Grüne Bohnen

WISSENSCHAFTLICHER NAME *Phaseolus vulgaris*
PFLANZENFAMILIE Facbaceae
BEVORZUGTER STANDORT Sonne
BEWÄSSERUNG mäßig

Bei den angebauten grünen Bohnen handelt es sich um Sorten der Buschbohne. Die Farbe der Schoten kann von Gelb bei der Butterbohne über Violett bis Grün variieren. Auf dem Balkon ist die grüne Bohne ein interessantes Gewächs: Da sie hoch wächst – Kletterbohnen benötigen dazu eine Rankhilfe –, nimmt sie nur wenig Bodenfläche in Anspruch.

Anbau und Pflege

1 Die Bohne produziert eine große Anzahl von Feinwurzeln, insbesondere die Stangenbohne. Den Sämlingen sollten daher Töpfe mit einem guten Fassungsvermögen, mindestens 40 × 40 × 40 cm, zur Verfügung stehen. Ein Tontopf ist ideal, da hierin das Substrat besser atmen kann. Dies kann eine Mischung aus Blumenerde und Erde sein, in die die Samen gesät werden. Sie sollte sehr leicht sein, damit sich die Wurzeln ungehindert entwickeln können.

2 Aussaat zwischen Frühjahrsbeginn und Juli, in Tuffs von drei bis fünf Samen, 3 cm tief. Lassen sie dazwischen einen Abstand von etwa 15 cm. Mit der Hand andrücken. Sofort gießen, damit das Substrat an den Samen haftet. Stellen Sie die Töpfe in die Sonne.

3 Wenn die Samen ein paar Zentimeter gekeimt sind, behalten Sie die stärkste Pflanze aus jedem Tuff. Mulchen Sie die Oberfläche, um die Bewässerung zu begrenzen. Das Substrat soll feucht bleiben, darf aber nicht durchweichen.

> **Geerntet wird** nach 8 bis 10 Wochen.

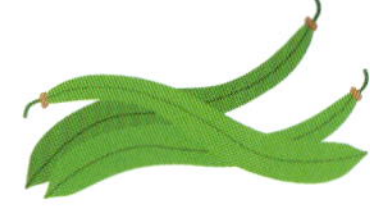

Bevorzugte Sorten

- Zwergbohne ‘Maxi’
- ‘Contender’ (winterharte Bohne, mit sehr langen, faserlosen Schoten)

Kopfsalat hat zwei große Vorteile für den Gärtner, auch für den Anfänger, der einen kleinen Balkongarten anlegen möchte. Zum einen lässt er sich sehr leicht anbauen. Zum anderen verfügt er über ein tiefes Wurzelwerk, was ihn zu einer perfekt an die Topfkultur angepassten Pflanze macht. Einfacher als eine Aussaat sind Miniballenkulturen und Setzlinge. Sie verhelfen zu einer schnelleren Kopfsalaternte.

Anbau und Pflege

1 Die beste Keimtemperatur für die Samen liegt zwischen 15 und 20 °C. Säen Sie Mitte April den Schnittsalat in einzelne Töpfe aus. Bedecken Sie die Samen mit einer dünnen Schicht Erde, und halten Sie sie bis zur Keimung feucht. Dünnen Sie die jungen Pflanzen aus.

2 Kopfsalate können im Haus auch früher gesät werden. Pikieren Sie die Jungpflanzen, wenn sie 4 oder 5 Blätter haben, in einzelne Töpfe von 15 bis 20 cm Durchmesser oder in Schalen, in einem Abstand von mindestens 20 cm zueinander.

3 Gießen Sie regelmäßig, um die Wurzelballen feucht zu halten, ohne dass sich dabei Staunässe im Pflanzenuntersetzer bildet. Es wird empfohlen, alle vierzehn Tage organischen Flüssigdünger einzusetzen.

› Die äußeren Blätter des Schnittsalats können in regelmäßigen Zeitabständen geerntet werden. Es bilden sich immer wieder neue Blätter. Kopfsalat wird geerntet, wenn der Kopf sich fest geschlossen hat.

Bevorzugte Sorten

- ‘Lollo Rosso’ (Schnittsalat, zarte junge Blätter)
- ‘Kendo’ und ‘Blonde du Cazard’ (Kopfsalat, gute Krankheitsresistenz)
- ‘Blonde de Paris’ (Batavia Kopfsalat, knackige Blätter)
- ‘Reine des Glaces’ (Sommer-Batavia, schnell wachsend, mit dichtem Kopf und knackigen Blättern)

Mit ihrem charakteristischen Duft ist die Minze im Gemüse- oder Kräutergarten unverzichtbar, sogar auf einem Balkon. Es gibt eine Vielzahl von Arten und Sorten, die alle ihre eigenen Merkmale haben. Am häufigsten findet man die Krauseminze (*Mentha spicata*) und die etwas schärfere Pfefferminze (*Mentha x piperita*). Da die Minze stark wuchert, hilft der Anbau in Töpfen, ihr Wachstum besser zu beherrschen.

Anbau und Pflege

1 Kaufen Sie im April und Mai junge Pflanzen, und setzen Sie sie in Töpfe, die breiter sind als sie hoch sind und sich gut für rhizombildende Pflanzen eignen. Ein Topf von etwa 30 cm passt für eine Einzelpflanze. In einem Blumenkasten sollten die Pflanzen im Abstand von 30 cm stehen.

2 Im Sommer regelmäßig gießen, ohne den Boden austrocknen zu lassen. Bei heißem Wetter kann eine tägliche Bewässerung erforderlich sein. Außerhalb des Sommers sind zwei wöchentliche Wassergaben ausreichend, im Winter kann noch seltener gegossen werden.

3 Zwischen April und September wird dem Wasser ein flüssiger organischer Dünger zugesetzt, dabei ist ein zeitlicher Abstand von ca. 3 Wochen sinnvoll.

> **Im Herbst,** sobald das Laub gelb wird, die Stängel bis zum Boden abschneiden und die Töpfe an einen geschützten Ort stellen.

Bevorzugte Sorten

- *Mentha spicata* ‘Nanah’ (Blätter mit starker Prägung und sehr aromatisch)
- *Menthe spicata* ‘Crispa’ (Krauseminze, grünes, krauses Laub)
- *Mentha x piperita* ‘Citrata’ (glatte grün-violett gefärbte Blätter, angenehm zitroniger Duft)

Bio-Petersilie aus eigenem Anbau ist aus der Küche nicht wegzudenken. Ein Gericht mit frischer Petersilie ist geschmacklich und aromatisch mit einem Industrieprodukt aus den Supermärkten nicht vergleichbar. Obwohl sie so unscheinbar aussieht, kann sie so manches Feinschmeckergericht bereichern. Die glatte Petersilie, manchmal auch »italienische Petersilie« genannt, ist stark duftend. Krausblättrige Petersilie duftet weniger stark, ist dafür aber dekorativer.

Anbau und Pflege

1 Säen Sie die Samen in ihrem Anzuchttopf in feuchter Erde aus, und vermeiden Sie dabei starke Temperaturschwankungen. Legen Sie ein Drainagesystem aus Kies oder Tonkugeln auf den Boden des Topfes, der aber kein Bodenloch aufweisen darf. Erst Gartenerde, dann Blumenerde hinzufügen, gießen und aussäen. Versetzen Sie Ihre Setzlinge zwischen März und August.

2 Säen Sie die ersten Setzlinge im Haus aus, und stellen Sie die Töpfe dann im April oder Mai auf den Balkon. Der Keimvorgang ist relativ lang und kann bis zu 5 Wochen in Anspruch nehmen.

3 Gießen Sie sehr regelmäßig, bei großer Hitze sogar jeden Tag. Außerhalb dieser Zeit sind zwei bis drei Bewässerungen pro Woche ausreichend. Im Sommer sind niedrige Gaben von organischem Dünger alle 15 bis 20 Tage sinnvoll.

> **Mit der Ernte** wird erst begonnen, wenn die Pflanzen ausreichend kräftig sind. Schneiden Sie die Petersilie ganz nach Ihrem Bedarf.

Bevorzugte Sorten

- ‘Italienische Petersilie’ (glatte Petersilie, sehr aromatisch)
- ‘Afrodite’ (stark gekräuselt, starker Duft)
- ‘Grüne Perle’ (sehr dichtes, stark gekerbtes Laub, schnelles Nachwachsen)

Chili und Paprika, der eigentlich eine milde Form der Chili ist, haben unzählige kulinarische Verwendungsmöglichkeiten. Beide leisten nicht nur einen Beitrag im Selbstversorgergarten, sondern bringen auch einen echten ästhetischen Mehrwert, besonders auf dem Balkon. Der buschige Wuchs der Pflanze, die leuchtend grünen Blätter, die Farbe der Früchte ergeben ein fröhliches Gesamtbild.

Anbau und Pflege

1 Säen Sie die Samen Ende Februar oder Anfang März im Haus in Anzuchttöpfen aus (2 bis 3 Samen pro Anzuchttopf). Nach 15 bis 20 Tagen wählen Sie aus jedem Anzuchttopf die stärkste Pflanze aus und pflanzen sie in einen Topf mit 8 cm Durchmesser.

2 Etwa Mitte Mai werden die Pflanzen erneut umgetopft und auf den Balkon gestellt. Entfernen Sie die überschüssigen Triebe, um eine gute Fruchtbildung zu fördern. Zu Beginn der Blütezeit, den Haupttrieb einkürzen, dann vier oder fünf Seitentriebe auswählen.

3 Wenn jeder Seitentrieb zwei Blüten aufweist, das Ende abknipsen, sodass ein Blatt über der höchsten Blüte stehenbleibt. Entfernen Sie anschließend alle neuen Triebe und behalten Sie sechs bis zehn Fruchtansätze pro Pflanze. Gießen Sie im Sommer täglich mit reichlich Wasser, aber ohne Staunässe im Pflanzenuntersetzer zu erzeugen. Geben Sie alle vierzehn Tage einen flüssigen organischen Dünger ins Gießwasser.

➤ **Paprika wird zwischen August und Oktober geerntet.** Die grünen Paprikaschoten werden vor ihrer Reife geerntet.

Bevorzugte Sorten

- 'Mini Sweet Pickles'
- 'Mini Chocolate Bell' und 'Mini Red Bell' (Zwergsorten, ideal für kleine Räume)
- 'Nazar' (widerstandsfähige Sorte, aromatisch und süß schmeckende Früchte)

Die Kartoffel wird in mehr als 150 Ländern angebaut, mit einer weltweiten Produktion von etwa 400 Millionen Tonnen pro Jahr auf fast 20 Millionen Hektar. Diese Zahlen verdeutlichen die Industrialisierung des Kartoffelanbaus, verbergen aber eine andere Realität: Die Kartoffel kann im Haus oder auf dem Balkon angebaut werden, um gesunde und schmackhafte Bio-Kartoffeln zu erhalten.

Anbau und Pflege

1 Die Kartoffel kann in einem quadratischen 40-cm-Behälter angebaut werden. Füllen Sie die Pflanzschale mit etwa 15 cm Blumenerde, legen Sie drei gekeimte Kartoffeln auf den Boden der Schale. Bedecken Sie sie mit mindestens 5 cm Blumenerde. Großzügig gießen. Ernten Sie die Kartoffeln nach und nach.

2 Eine andere Möglichkeit ist der Anbau in einem Beutel. Bohren Sie einige Löcher in den Boden eines stabilen Beutels, so dass das Wasser abfließen kann, geben Sie 15 cm Blumenerde hinein und legen Sie drei gekeimte Kartoffeln in die Erde. Mit fünf bis sechs Zentimeter Blumenerde bedecken und angießen. Mit zunehmender Entwicklung der Knollen Blumenerde hinzufügen.

3 Heben Sie während des Wachstums die Ränder des Beutels an und fügen Sie Erde hinzu. Öffnen Sie den Beutel an der Seite, um die Kartoffeln zu ernten.

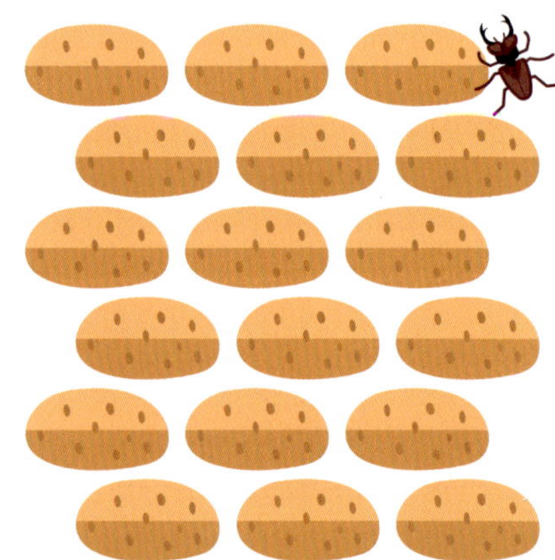

Bevorzugte Sorten

- ‘Agria’ (mittelspäte Sorte)
- ‘Sieglinde’ (frühe, gelbfleischige, festkochende Sorte)
- ‘Laura’ (frühe, vorwiegend festkochende Sorte)

Das leckere, knackige Wurzelgemüse ist reich an Spurenelementen und Mineralien. Der biologische Anbau von Radieschen gelingt besonders leicht, sogar auf dem Balkon. Weiterer Pluspunkt: Die Aussaat kann zu unterschiedlichen Zeiten im Jahresverlauf erfolgen. Einige Sorten können zweifarbig, rosa, weiß, lila, grün oder schwarz sein. Alle Teile der Pflanze sind essbar, aber die Pfahlwurzel wird am meisten geschätzt. Kaufen Sie das Saatgut in Bändern, denn das ist einfacher als das Ausstreuen der Samen.

Anbau und Pflege

1 Eine erste Aussaat erfolgt zwischen März und Mai, gefolgt von einer zweiten gegen Ende des Sommers. Säen Sie im Abstand von jeweils 10 bis 12 Tagen, um die Ernte ein wenig zu verteilen. Füllen Sie ein Pflanzgefäß mit organischer Blumenerde, einschließlich einer Drainageschicht. Drücken Sie die obere Erdschicht an, säen Sie locker, 2 cm tief bei Samen von halblangen Sorten und nur 0,5 cm tief bei den runden Sorten, die sich besonders gut für die Topfkultur eignen.

2 Das Keimen geht schnell: Drei bis vier Tage sind ausreichend.

3 Gießen Sie sehr regelmäßig, damit die Radieschen ein festes und nicht sehr scharfes Fruchtfleisch bilden: im Frühjahr und am Ende der Saison alle zwei bis drei Tage, im Sommer täglich.

> **Düngen** ist nicht erforderlich.

> **Die Ernte** beginnt drei bis vier Wochen nach der Aussaat.

Bevorzugte Sorten

- Radieschen, wie das Ganzjahresradieschen 'Cheriette', die die ganze Saison über gesät werden können. Sie wachsen langsamer als die frühen Sorten.

Gewöhnlicher Thymian wird häufig in der Küche verwendet, hat aber auf dem Balkon auch einen dekorativen Wert. Er bildet hübsche Büschel, die schmalen, immergrünen Blätter sind graugrün. Die zartrosa Blüten, die sich im Sommer entwickeln, sind prächtige Farbtupfer. Pflanzen zusammen mit anderen Gartenkräutern. Salbei und Rosmarin haben zum Beispiel ähnliche Anforderungen. Der Thymianduft hält Schädlinge fern. Pflanzen Sie zwei oder drei Pflanzen zwischen ihre Blumenkästen.

Anbau und Pflege

1 Da Thymian sehr langsam wächst, ist es ratsam, Jungpflanzen in Töpfen zu kaufen. Die ideale Pflanzzeit ist von April bis Mai.

2 Setzen Sie die Pflanzen in einzelne Töpfe mit einem Durchmesser von 25 bis 30 cm oder in einen Blumenkasten mit leichter, durchlässiger Erde.

3 Die Bewässerung beschränkt sich im Hochsommer auf ein- bis zweimal pro Woche. Eine wöchentliche Bewässerung im Frühjahr und am Ende der Saison ist ausreichend. Gießen ist im Winter nicht notwendig, außer um den Wurzelballen vor dem Austrocknen zu bewahren. Zwischen Mai und September kann dem Wasser einmal im Monat eine geringe Dosis organischen Flüssigdüngers zugesetzt werden. Nehmen Sie die Stiele nach der Blüte leicht zurück. Schützen Sie die Pflanze im Winter vor Frost und Feuchtigkeit.

> **Thymianzweige** nach Bedarf ernten.

Bevorzugte Sorten

- *Thymus fragrantissimus* (angenehmes Zitrusaroma)
- *Thymus herba-barona* (oder Kümmelthymian, passt hervorragend zu Fleischgerichten)
- 'Silver Queen' (attraktives, weißes, panaschiertes Laub)
- *Thymus x citriodorus* (nach Zitrone duftend)

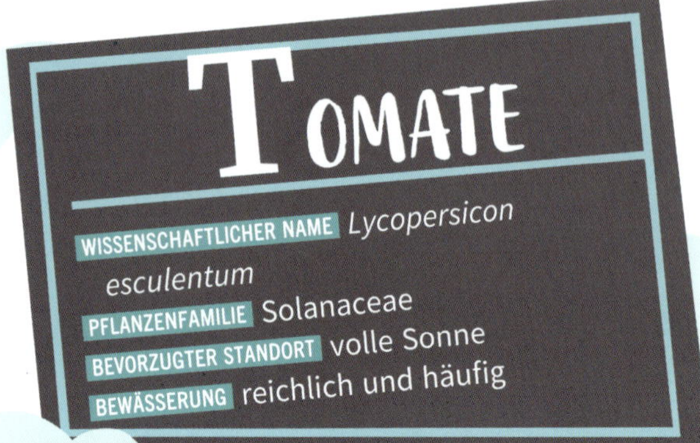

Der älteste Vorfahre unserer heutigen Tomate ist 52,2 Millionen Jahre alt. Zu uns kam die Tomate im 16. Jahrhundert, die Spanier haben sie in Europa eingeführt. Die Tomate wurde zunächst als Zierpflanze und später als Nahrung betrachtet. Die Tomate ist für den Balkonanbau sehr attraktiv. Die Pflanze wächst üppig und lässt sich auch gut als Spalier ziehen. Pflanzen Sie Ringelblumen zu den Tomaten.

Anbau und Pflege

1 Säen Sie die Samen im März im Haus in Anzuchttöpfen aus. Wenn die Pflanzen drei oder vier Blätter entwickelt haben, pflanzen Sie sie in einzelne 8-cm-Töpfe. Wenn die letzten Fröste vorbei sind, setzen Sie die Pflanzen in ihre endgültigen Töpfe mit einem Durchmesser von 30 bis 40 cm in eine Mischung aus organischer Blumenerde und Gartenerde.

2 Alle Sorten benötigen Rankhilfen. Entfernen Sie regelmäßig junge Triebe aus den Blattachseln, um die Fruchtbildung zu fördern. Wenn die Pflanze vier oder fünf Blütenstände getrieben hat, kürzen Sie den Hauptstamm um ein oder zwei Blätter oberhalb des letzten Büschels ab. Kirschtomaten sollten nicht beschnitten werden.

3 Halten Sie den Boden stets feucht, aber nicht zu nass, und gießen Sie bei großer Hitze einmal am Tag. Gießen Sie, ohne die Blätter zu benetzen.

> **Vom Hochsommer bis zum Spätherbst** geben sie alle vierzehn Tage einen Dünger auf Algenbasis.

> **Geerntet wird,** immer wenn die Früchte eine schöne Farbe angenommen haben, in der Zeit von Juli bis Anfang Oktober (je nach Region).

Bevorzugte Sorten

- 'Primabell®' (Zwergtomate mit kleinen Naschfrüchten)
- 'Rotkäppchen' (Buschtomate mit dunkelroten Früchten)
- 'Tumbling Tom' (Hängetomate mit roten oder gelb-orangen Früchten)
- 'San Marzano' für längliche Früchte

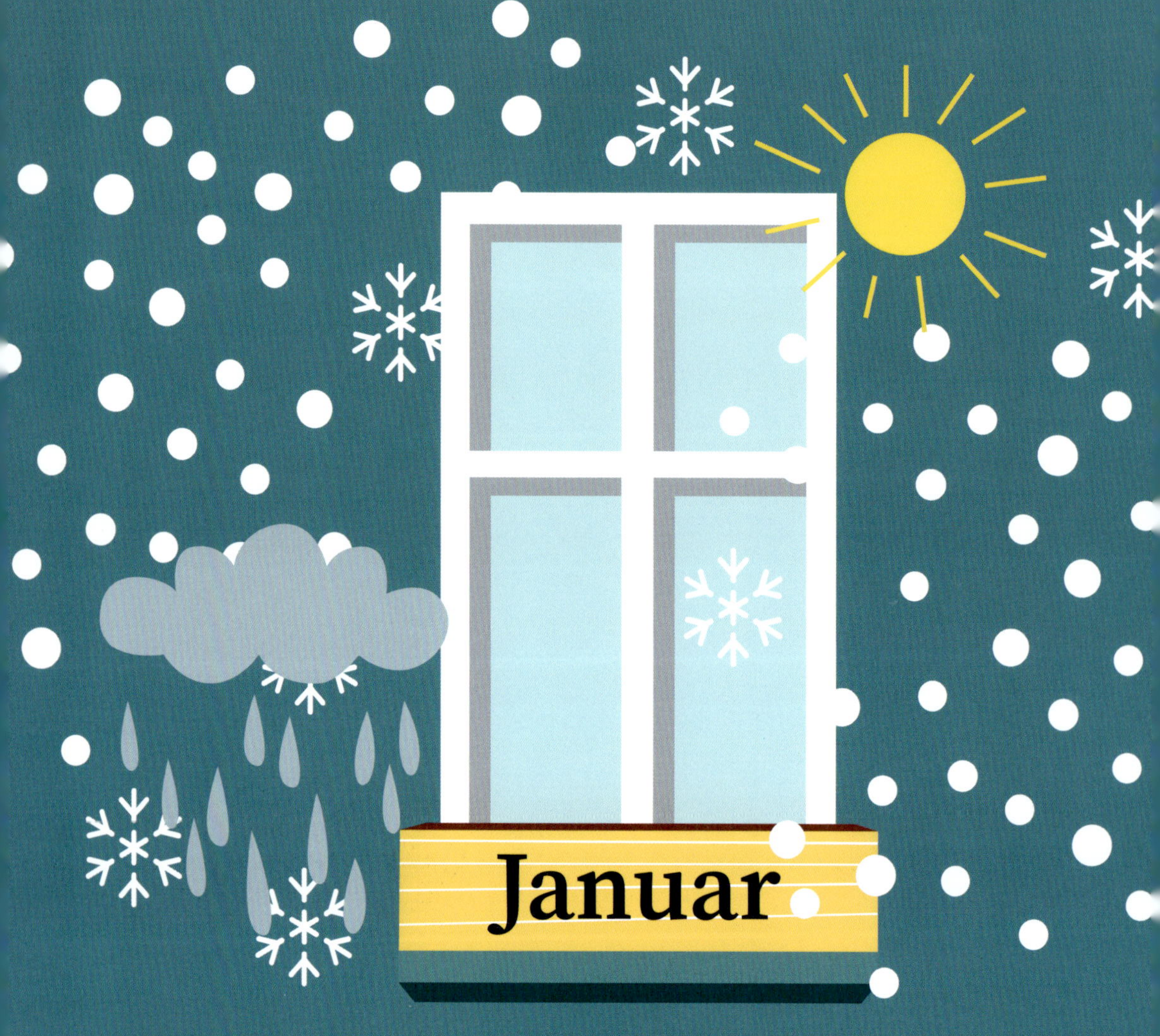

Die ersten zwölf Tage
im Januar
zeigen das Wetter
fürs ganze Jahr.

Ein zaghafter Neustart im Januar! Die Pflanzen laufen nicht gerade zur Höchstform auf und ziehen es vor, sich vor Kälte, Feuchtigkeit und Lichtmangel zu schützen. Dennoch gibt es einiges zu tun.

- **Schützen Sie die Töpfe vor Frost.** Decken Sie sie mit einem Sackleinen, Zeitungspapier oder mit Plastik überzogenem Karton ab, der für eine gute Abdichtung sorgt. Sichern Sie die Abdeckungen gegen Wind. Die Pflanzen gegebenenfalls belüften.

- **Für Vögel ist es schwierig,** Schutz, Wasser und Nahrung zu finden. Besonders in den Städten. Sie freuen sich über einen geeigneten Nistkasten (mit dem Einflugloch nach Osten), frisches Wasser und Futter.

- **Bringen Sie ein Vogelhaus an,** vorzugsweise hoch oben, weit weg von eventuellen Feinden. Füttern Sie bevorzugt eine Mischung aus Sonnenblumen-, Erdnuss- und Maissamen zu gleichen Teilen, Hirse- oder Hafersamen, angefaultes Obst, wie Weintrauben, Birnen und anderes.

- **Blättern Sie in den Katalogen der Pflanzenzüchter** und bereiten Sie Ihre Bestellungen für Saatgutkörner und Pflanzen vor.

- **Reinigen und desinfizieren** Sie alle vor dem Winter entleerten Behälter.

- **Entfernen Sie die Schalen** unter den Töpfen, um Staunässe an den Wurzeln zu vermeiden. Ein stets feuchtes Substrat gefriert schneller.

- **Gießen Sie die im Unterstand** gelagerten Pflanzen einmal alle 10 bis 14 Tage, aber lassen Sie niemals Wasser in den Untersetzern stehen.

- **Denken Sie an Licht.** Pflanzen in der Überwinterung von Zeit zu Zeit um ein Drittel drehen.

- **Wenn das Wetter es zulässt,** schleifen und reinigen Sie das Holz im Außenbereich und behandeln Sie es mit einer Öko-Lasur.

Die Stunde der Wintervögel

Nehmen Sie an der Vogelzählung teil, die jedes Jahr im Januar vom Naturschutzbund NABU organisiert wird. Naturfreunde sind eingeladen, eine Stunde lang die Vögel zu zählen, die sie auf dem Balkon oder in der freien Natur gesehen haben. Wie korrekt gezählt und gemeldet wird, steht auf der Website www.nabu. de

Kein Regen und Hagel
im Februar
bringt Regen und Hagel
im restlichen Jahr.

Nicht nur wegen seiner Kürze ist der Februar kein einfacher Monat. Hinterhältigerweise wartet er alle vier Jahre mit einem 29. Tag auf, der vielen als Unglückstag gilt. Da er sein Gesicht an einem Tag mehrmals wechseln kann, sollte man als Gärtner auf der Hut sein!

- **Überprüfen Sie den Zustand** von Töpfen, Kübeln und Pflanzgefäßen vor der Frühjahrspflanzung.

- **Überprüfen Sie die Drainage** der verwendeten Behälter, um ein Ersticken der Wurzeln im Winter zu vermeiden. Verwenden Sie, wenn erforderlich, Keile, um die Behälter daraufzustellen.

- **Prüfen Sie, welche Pflanzen in größere Töpfe umgetopft werden müssen.** Überprüfen Sie Ihren Bestand an Töpfen und Kübeln, organischem Dünger, Pflanzstäben und anderem, bevor Sie mit dem Umtopfen beginnen.

- **Kaufen Sie organische Blumenerde** und verschiedene Drainage- und Bodenbelüftungsmaterialien im Gartencenter. Lagern Sie sie an einem frostfreien Ort.

- **Je nach Wetterlage** sollten Sie die Winterabdeckungen öffnen, damit sie in der Sonne keinen Treibhauseffekt erzeugen.

- **Falls der Monat wenig Regen bringt,** gießen Sie, aber tun Sie es sparsam. Gebraucht wird eine einfache begrenzte Wasserzufuhr.

Feuchtgebiete International Geschützt

Am 2. Februar, dem Welttag der Feuchtgebiete (WWD), wird an die Verabschiedung des Übereinkommens von Ramsar über Feuchtgebiete erinnert. Feuchtgebiete sind sehr bedeutsam für das Überleben unserer Ökosysteme und im Kampf gegen die Klimaerwärmung! Weitere Einzelheiten unter www.ramsar.org

- **Beginnen Sie mit dem Pflanzen von Obst und Gemüse:** Radieschen, Karotten, Gurken oder Sellerie (in einem kleinen Gewächshaus auf der Terrasse), Himbeersträucher, Pflaumenbäume, Johannisbeersträucher und anderes.

- **Tomaten, Kohl und Paprika** in einem beheizten Mini-Gewächshaus säen.

- **Ergänzen Sie Ihren Anbau mit Zierpflanzen,** wie Stiefmütterchen, Rosen oder Bougainvillea. Es ist noch Zeit, Primeln, Gänseblümchen, Levkojen oder Vergissmeinnicht zu pflanzen, um ein Dekor zu schaffen, das das Nützliche mit dem Angenehmen verbindet. Sie können auch erwägen, eine Rebe zu pflanzen, die (an einem Spalier) eine kletternde Dekoration bildet und Ihnen zu gegebener Zeit Trauben schenkt.

- **Beobachten Sie die Vögel,** die sich an den Futterhäuschen auf dem Balkon erfreuen.

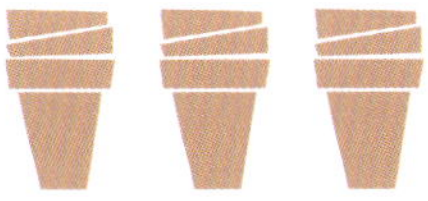

Zeigt der März sich nicht
mit Schauern,
wird's das ganze Jahr
andauern.

Der März ist ein Heimlichtuer. Er zeigt sich mit Frost und Schauer, bereitet sich aber eigentlich schon auf den Frühling vor. Der Winter hält jedoch noch durch. Mutter Natur zeigt aber schon ihre Kraft, und einige Pflanzen starten bereits durch – die ersten Zeichen des herannahenden Frühlings.

- **Ist Ihr Klima eher mild,** können Sie den Winterschutz tagsüber entfernen.

- **Die Aussaat beginnt oder geht weiter!** Aubergine (die Sorte 'Ophelia' ist ideal für die Topfkultur), Kohl, Paprika (die Sorte 'Medusa' eignet sich für den Balkonanbau) und Tomate ('Gelbe Cherrytomate to13' oder 'Venus teton yellow tomato') in einem beheizten Mini-Gewächshaus. Auch Minze, Schnittlauch und Petersilie werden ausgesät. Ebenso wie Radieschen, Puffbohnen und Erbsen.

- **Einige Zierpflanzen,** die zusammen mit Gemüse in Töpfe gesetzt werden können, um ein schönes Pflanzendekor zu schaffen, sind: Kapuzinerkresse, Tagetes, Ringelblume und Kamille.

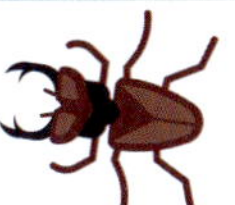

Weltwassertag

Man weiß, dass die Wasserressourcen immer knapper werden, **2,2 Milliarden Menschen keinen Zugang zu sauberem Wasser** haben und dass im Jahr 2050 5,7 Milliarden Menschen in Gebieten leben werden, in denen mindestens einen Monat im Jahr Wasserknappheit herrscht. Daher ist der 1992 von den Vereinten Nationen ins Leben gerufene Weltwassertag – jährlich am am 22. März – unverzichtbar. Es geht vor allem um die nachhaltige Bewirtschaftung der Wasserressourcen, den Kampf gegen die Verschwendung und die Förderung der Abwasseraufbereitung zur Gewinnung von Trinkwasser.

- **Rosmarin und Salbei** können gepflanzt werden.

- **Der Lorbeer** kann noch geerntet werden.

- **Im März ist die Gefahr von Krankheiten gering.** Dennoch sollte darauf geachtet werden, dass sich Schnecken und Nacktschnecken nicht vermehren, sobald das Wetter an mehreren Tagen nacheinander milder wird.

- **Der 18. des Monats steht im Zeichen des Recyclings für unsere Umwelt.** Auf Initiative des Bureau of International Recycling findet der Weltrecyclingtag statt. Seit 2018 sensibilisiert dieser Tag für die Verwendung von Produkten aus recycelten Materialien und die Mülltrennung. Ökologisch steht viel auf dem Spiel.

April

April, April.
Der weiß nicht,
was er will.

Der April ist der Monat des letzten, oft unerwarteten Schnees. Die Zugvögel kehren zurück, besitzen aber noch kein Quartier. Von Drinnen betrachten die Gärtner die letzten bedrohlichen Wolken, sind aber schon startklar.

- **Entfernen Sie nach dem letzten Frost** den Winterschutz von den Pflanzen. Der richtige Zeitpunkt variiert je nach Region und lokalem Klima.

- **Schützen Sie sich vor fremden Blicken und Wind:** Setzen Sie Kletterpflanzen. Sie dienen als Sicht- und Windschutz gleichermaßen. Bambus, der wegen der Rhizombildung in widerstandsfähige Töpfe gepflanzt werden muss, wächst schnell. Jasmin, Geißblatt, Efeu und Clematis müssen in Schach gehalten werden, damit sie nicht übermäßig wuchern. Eine Kletterpflanze ist nicht nur eine Zierde, sondern kann auch ein wunderbarer natürlicher Zufluchtsort für Vögel sein, die es in einer städtischen Umgebung sehr schwer haben, zu überleben.

- **Säen Sie** Schnittlauch, Petersilie, Minze und Thymian.

- **Säen Sie** Stangenbohnen, Karotten ('Pariser Markt', 'Adelaide F1') und Radieschen.

- **Pflanzen Sie** den im Februar gesäten Kohl, den Salbei, den Lorbeer, den Rosmarin und das Basilikum.

- **Ernten Sie** die im März gesäten Radieschen, Bohnenkraut, das im Oktober gepflanzt wurde, im Vorjahr ausgesäten Thymian oder den, der im vorangegangenen Herbst in Töpfe gepflanzt wurde sowie Lorbeerblätter und Rosmarin.

- **Noch ist es zu früh, um frostempfindliche** Zierpflanzen in Töpfe zu setzen. Aber Sie können die weniger kälteempfindliche Pflanzen bereits in ein neues Substrat umtopfen.

Kompostieren Sie!

Das Umweltbundesamt bezeichnet das Kompostieren als das „älteste Recyclingverfahren der Welt“. Warum also nicht beim Schutz der Umwelt und der Schonung von Ressourcen auf Altbewährtes zurückgreifen? Auf der Website www.umweltbundesamt.de gibt es eine umfangreiche Linksammlung zum Thema. Direkt auf der Website werden Grundregeln des Kompostierens organischer Abfälle erläutert, außerdem finden sich dort Hinweise zur Platzwahl und zu geeigneten Behältern. Sie wissen ja, dass Wurmkompostierung sogar auf dem Balkon und in der Wohnung möglich ist!

Gehn die Eisheiligen
ohne Frost vorbei,
singen Bauern und Winzer
Juchhei!

Der Mai ist der Monat, in dem Maiglöckchen den Frühlings einläuten. Für den Gärtner ist der Monat nicht gerade geruhsam, denn es gibt viel zu tun. Im Mai machen Gärtner, worauf sie Lust haben – außer vielleicht, sich auf den eigenen Lorbeeren auszuruhen.

- **Im Mai sind zahlreiche Pflanzen zu säen:** Basilikum, Schnittlauch, Paprika in Schalen (rote Mini-Paprika 'Tangerine Dream' oder gelbe Mini-Paprika 'Lemon Dream'), Auberginen in Schalen, Kohl und Tomaten, die im März ausgesät wurden.

- **Setzlinge sind auch auf der Tagesordnung:** Lauch, Petersilie, Monatsradieschen, Erbsen, Salat, Rote Bete direkt im Container, Stangenbohnen.

- **Es ist auch Erntezeit:** die im Februar gesäten Bohnen, Monatsradieschen, die im April gesät wurden, Thymian, von der Aussaat aus dem Frühjahr des Vorjahres, Lorbeer, Rosmarin, Erdbeeren, Salbei, die im Vorjahr eingetopft wurden, Bohnenkraut, das im Oktober in Töpfe gepflanzt wurde.

- **Verteilen Sie eine Mulchschicht** aus Leinenstreu oder Kiefernrinde im Blumenkasten, um das Gießen zu reduzieren.

- **Es treten die ersten Schädlinge auf:** Schnecken, Blattläuse und Nacktschnecken. Wachsamkeit ist unerlässlich!

- **Vollenden Sie die Bepflanzung** von Blumenkästen und Blumenampeln. Einjährige Pflanzen, wie Mohn, Kornblumen, Petunien, Mimosen oder Lupinen, die im Vormonat gesät wurden, können jetzt in Ihre Kübel gepflanzt werden.

- **Je nach Temperatur** werden auch die Vögel durstig. Sie suchen nach etwas zu trinken und einer Bademöglichkeit. Stellen Sie eine Tränke und ein Vogelbad auf, idealerweise mit Tropfvorrichtung, um sicherzustellen, dass das Wasser regelmäßig nachgefüllt wird und ein guter Wasserstand gewährleistet ist.

- **Sankt Mamertus, Sankt Pankratius, Sankt Servatius und die Kalte Sophie** sind die »Eisheiligen«. Ihre Namenstage, die im Mai aufeinander folgen, gelten als der letzte Zeitraum des Jahres, in dem die nächtliche Abkühlung ausreicht, um im Flachland für Bodenfrost zu sorgen.

Die Zugvögel sind zurück

Damit auch die Zugvögel bei den jährlichen Zählungen erfasst werden, veranstaltet der Naturschutzbund NABU im Mai eine weitere Vogelzählung: die »Stunde der Gartenvögel«.Infos unter www.nabu.de

Allzu nass im Junius, bringt dem Gärtner viel Verdruss.

Der Juni ist der Monat der Rosen. Sie sind so schön, dass man darüber glatt die Arbeit auf dem Balkon vernachlässigen könnte. Es gibt so viele davon, dass sie genug Schatten spenden, um es sich im Liegestuhl darunter gemütlich zu machen.

- **Richten Sie ein Tropfbewässerungssystem ein,** um eine regelmäßige Wasserversorgung der Topfsträucher zu gewährleisten.

- **Vorsicht:** Blattlaus-, Schnecken- und Nacktschneckenbefall!

- **Planen Sie die Beschattungssysteme,** vor allem wenn der Balkon nach Süden ausgerichtet ist.

- **Ernten Sie regelmäßig** die Blätter von Salbei, Bohnenkraut, Basilikum und Thymian, um das Wachstum anzuregen.

- **Schneiden Sie** die Auberginenpflanzen oberhalb der zweiten Blüte zurück.

- **Säen Sie** Salat, Monatsrettich, Stangenbohnen und Karotten.

Biodiversität

Die Europäische Woche für nachhaltige Entwicklung (https://esdw.eu/) findet jeweils bis zum 5. Juni statt. Ziel dieser europaweiten Veranstaltung ist es, Nachhaltigkeit in allen Bereichen zu fördern und Menschen für die drängenden Umweltprobleme zu sensibilisieren. Es geht zugleich um konkrete Maßnahmen für mehr Nachhaltigkeit, sowohl im Privatbereich als auch auf gesamtgesellschaftlicher Ebene.

Der 5. Juni ist auch der Weltumwelttag. Die Aktionen an diesem Tag sind drei großen Bereichen gewidmet: Klimaschutz, Naturschutz und Schutz vor Umweltgiften und Chemikalien. Dieser Tag soll Regierungen, Unternehmen und Bürger zur mehr Engagement für unseren Planeten bewegen: #OnlyOneEarth

- **Ernten Sie** die im Februar gesäten Puffbohnen, den im April gesäten Salat, die im April in einem Mini-Gewächshaus gesäten Zucchini, die im März gesäten Erbsen und die Erdbeeren.

- **Vervollständigen Sie die Dekoration mit Zierpflanzen:** einjährige Pflanzen (Ringelblumen), Sommerzwiebeln (Dahlien oder Canna), Stauden (Mohn oder Gaura), Kletterpflanzen (Clematis) und andere.

- **Sie haben noch bis Ende des Monats Zeit,** eine Bougainvillea und windgeschützt eine Bananenstaude zu pflanzen.

Im Juli
warmer Sonnenschein
macht alle Früchte
reif und fein.

Im Ziergarten, im Gemüse- und Obstgarten sowie auf dem Balkon macht der Juli seinem Ruf nach üppigem Pflanzenwachstum jetzt alle Ehre. Alles blüht, wächst und reift. Auf schöne Sonnentage folgen ein paar willkommene Regenschauer, die es ermöglichen, die zeitlichen Abstände bei der Bewässerung etwas zu dehnen. Der Juli steht für eine üppige Vegetation.

- **Bei heißem Wetter** gießen Sie am besten am Abend. Für alle Topfgrößen gilt, dass man bei großer Hitze durchaus auch zweimal am Tag gießen muss.

- **Wenn es der Platz erlaubt,** sollten Sie einen Sammelbehälter für Regenwasser am Fallrohr installieren. So erhalten Sie reineres und viel günstigeres Wasser als Leitungswasser.

- **Sie fahren demnächst in Urlaub?** Entfernen Sie alle Blüten auf dem Balkon. Die Pflanzen brauchen dann weniger Wasser.

- **Richten Sie für die Zeit Ihrer Abwesenheit im Sommer** ein programmierbares automatisches Bewässerungssystem ein.

- **Die Vögel brauchen jetzt** frisches und sauberes Wasser. Dies ist bei heißem Wetter noch wichtiger als sonst. Die Vögel müssen trinken und ihr Gefieder reinigen. Die Tränke und das Vogelbad sollten nur ein paar Zentimeter tief sein. Dadurch ist die Gefahr der Verdunstung hoch und Sie müssen regelmäßig den Wasserstand kontrollieren.

- **Sommerhitze und Trockenheit** begrenzen das Risiko von Krankheiten. Einige Probleme bleiben jedoch bestehen: die Schwarzfleckenkrankheit der Rose, Mehltau an Pelargonien und Blattläuse, um nur einige zu nennen.

- **Säen Sie** Karotten, Stangenbohnen, Feldsalat, Kopfsalat und Radieschen.

- **Ernten Sie** im Mai gesäte Zucchini, im März gesäten Kohl, Erdbeeren, im April gesäte Karotten, Basilikum, Stangenbohnen, Lorbeer, im Mai gesätes Bohnenkraut, ebenso das Bohnenkraut, das im Oktober in Containern gepflanzt wurde, im März oder April gesäte Petersilie, im April gepflanzte Birnen, im Februar gesäte Tomaten, Thymian aus dem Frühjahr des Vorjahres oder den Thymian, der im Herbst in Containern gepflanzt wurde.

Öko überall

In ganz Deutschland finden regelmäßig Messen statt, die ökologisch hergestellten Produkten gewidmet sind, darunter im Juli die Innatex, eine Fachmesse für Naturtextilien. Die Messen VeggieWorld und Fairgood wandern durch verschiedene deutsche Großstädte. Als wichtigste Messe für Bio-Nahrunsmittel und Naturkosmetik gilt hierzulande die Biofach in Nürnberg.

Im August
von früh bis spät
der Gärtner seine
Runden dreht.

Im August verbindet sich der Duft von Blumen mit dem Geschmack von Honig. Ein wundervoller Monat also. Es ist ein Monat, den man voll auskosten sollte und sich jegliches Vergnügen gönnen. Aber es ist auch ein anstrengender und ermüdender Monat. Selbst auf einem Balkon bleibt für die Gärtner keine Zeit zum Ausruhen. Aber jede Anstrengung wird durch die Verschwendungssucht des Augusts belohnt.

- **Gießen Sie** weiterhin großzügig, damit die Pflanzen nicht unter Trockenheit leiden und gesund bleiben.

- **Entfernen Sie** Verblühtes an Ihren Pflanzen, da die Samenproduktion den Energievorrat verbraucht.

- **Binden Sie** Kletterpflanzen ihrem Wachstum entsprechend an.

- **Wenn ein hilfsbereiter Nachbar Ihre Pflanzen gießt,** während Sie im Urlaub sind, erklären Sie ihm vorher den Bedarf der einzelnen Pflanzen, wobei Sie besonders auf die wasserintensivsten Pflanzen eingehen sollten.

- **Sobald Sie aus dem Urlaub zurück sind,** sollten Sie daran denken, Ihren Balkon mit Zierpflanzen zu bepflanzen: Töpfe mit Astern, Winterheide oder Gartenchrysanthemen bieten ein schönes Bild. Diese Pflanzen sorgen dafür, dass Ihr Balkon bis zum Eintreffen der ersten kalten Tage und sogar darüber hinaus blüht.

- **Schneiden Sie** die Kräuter zurück, um sie an der Blüte zu hindern.

- **Bei kälteempfindlichen Pflanzen** die oberirdischen Pflanzenteile vorbeugend mit Brennnesseljauche besprühen.

- **Säen Sie Salate,** wie Feldsalat oder Kopfsalat, und Radieschen.

- **Eine der größten Aufgaben** in diesem schönen Sommermonat: die Ernte.

- **Ernten Sie** im Mai gesäte Erbsen, Zucchini, Auberginen, Karotten und Stangenbohnen sowie Salbei, der im März in Container gepflanzt wurde; im März gesäten Paprika, Saubohnen, Schnittlauch und Minze, Thymian aus dem Vorjahresfrühjahr oder der im Herbst in Container gepflanzt wurde; im Oktober in Container gepflanztes Bohnenkraut, im Februar oder März gesäte Tomaten, Petersilie, die zwischen März und Mai gesät wurde, Erdbeeren und im Mai gepflanzte Birnen.

Ein Blick zu unseren Nachbarn

Auf dem Gelände des Schlosses von Chaumont-sur-Loire schaffen rund dreißig Künstler und Landschaftsgärtner aus der ganzen Welt jedes Jahr neue Themengärten. Im gesamten Park werden die Besucher durch eine Art Museum für zeitgenössische Landschaftskunst geleitet. www.domaine-chaumont.fr

September

September mit Regen
bringt Frucht und Segen.

Der September leitet in den Herbst über. Zwischen der Hitze im August und den Nebeln im Oktober bietet der Monat einen schönen Übergang. Der September ist das Ende des Sommers, aber es ist auch ein Neubeginn – der des Herbstes. Jetzt ist es an der Zeit, Ihren Balkon noch einmal optimal auszunutzen.

- **Haben Sie Nachbarn,** die sich auch für das biologische Gärtnern auf dem Balkon interessieren? Tauschen Sie mit ihnen Samen aus. Das ist eine ebenso nette wie umweltfreundliche Geste.

- **Gießen Sie** weiterhin Töpfe und Blumenkästen, besonders bei warmem und windigem Wetter.

- **Befreien Sie** den Balkon von abgefallenen Blättern. Achten Sie besonders auf das Regenwasserabflusssystem.

- **Bringen Sie die empfindlichsten Pflanzen und Grünpflanzen,** die den Sommer auf dem Balkon verbracht haben, ins Haus.

- **Denken Sie an die herbstliche Dekoration des Balkons,** indem Sie die Kästen mit winterhartem Heidekraut bepflanzen.

Mobilität

Wie beweglich sind Sie wirklich? Nehmen Sie an der Mobilitätswoche teil! Diese europaweite Veranstaltung soll Bürgerinnen und Bürger zu einem umweltbewussten Verhalten und zur Nutzung neuer Verkehrs- und Reisemöglichkeiten ermutigen. Der Vorrang wird den sanften und alternativen Verkehrsmitteln eingeräumt, wie Fahrgemeinschaften, Fahrradfahren, öffentliche Verkehrsmittel mit Wasserstoffantrieb und andere.

- **Wenn einige der Topfpflanzen** Ihren Urlaub aufgrund von Wassermangel nicht gut überstanden haben sollten, so tauchen Sie sie einen halben Tag lang in eine Schale mit Wasser. Das kann sie retten.

- **Entfernen Sie** an den Kletterpflanzen die vertrockneten Stengel.

- **Säen Sie** Feldsalat, Kopfsalat und Radieschen. Pflanzen Sie Erdbeeren.

- **Ernten Sie** Petersilie, Lorbeer, Schnittlauch, Basilikum, Rosmarin, Rote Bete, im August gesäte Radieschen, im Juni gesäte Karotten und Kletterbohnen, im Mai gesäte Zucchini, im Juli gesäten Kopfsalat sowie im April gesäten Paprika.

- **Einjährige Saisonkräuter** halten sich auf dem Balkon, solange es dort ausreichend warm ist. Kaufen Sie Töpfe mit Basilikum und Dill in einer Gärtnerei oder einem Blumenladen, und topfen Sie sie sofort um.

Ist der Oktober
nass und kühl,
mild der Winter
werden will.

Die Natur spielt im Oktober mit schönen goldenen Farbtönen. Es ist eine Zeit der beschaulichen Betrachtung. Aber nicht ausschließlich: Der Oktober ist auch ein arbeitsreicher Monat für den Gärtner, der seinen Balkon bewirtschaftet. Es wird keine Langweile aufkommen!

- **Um (fast) alle Krankheiten zu vermeiden,** desinfizieren Sie die Töpfe der einjährigen Pflanzen nach der Sommersaison. Werfen Sie die Blumenerde und die Reste der Bepflanzung weg.

- **Stellen Sie die Wasserzufuhr des Außenwasserhahns ab.** Lagern Sie Schläuche, Sprühgeräte und Gießkannen an einem frostfreien Ort.

- **Pflanzung des Monats:** Erdbeere und Bohnenkraut.

- **Pflanzen Sie** winterharte Stauden im Balkongewächshaus.

- **Ernten Sie** im Juli gesäten Feldsalat, Rosmarin, Schnittlauch und Lorbeerblätter, im Juli gesäte Karotten, Salbei aus März bis April, im Juli gesäte Stangenbohnen, Minze vom Mai, Thymian aus dem Vorjahresherbst sowie aus Töpfen, im Oktober in Containern gepflanztes Bohnenkraut.

- **Versuchen Sie,** einen Pfirsich-, Pflaumen-, Apfel- und Birnbaum zu pflanzen, bevorzugen Sie kleine Arten, und setzen Sie nur einen Strauch pro Topf.

Food Waste

Deutsche verschwenden jedes Jahr fast 12 Millionen Tonnen Lebensmittel, 75 kg pro Person und Jahr werden in den Privathaushalten entsorgt – so die Zahlen des Bundessministeriums für Ernährung und Landwirtschaft. Das ist viel zu viel! Die Nationale Strategie zur Reduzierung der Lebensmittelverschwendung soll da Abhilfe schaffen. Aber was können die Einzelnen tun, um die Abfallflut zu reduzieren? Dazu gibt die bundesweite Website www.zugutfuerdietonne.de Anregungen. Permakultur auf dem eigenen Balkon ist hier sicher ein supeguter Ansatz! Der 16. Oktober ist der Welternährungstag. Er erinnert uns daran, dass weltweit Millionen von Menschen Hunger leiden. Internationale Hilfsprogramme versuchen zu helfen, aber wir alle sind gefordert. Der bewusste und nachhaltige Umgang mit Lebensmitteln in wohlhabenden Ländern ist das Gebot der Stunde.

Ist die Mitte
November vergangen,
erwartet man Regen und
Schnee mit Bangen.

Als Monat mit »Wärme von vorn und Kälte im Rücken« ist der November gleichzeitig auch der Monat der letzten Herbstfarben des Jahres. Man muss sich beeilen, um sie noch genießen zu können. Der November überrascht manchmal mit schönen Tagen, die es dem Gärtner ermöglichen, Liegengebliebenes schnell vor dem Winter zu erledigen.

- **Reinigen und lagern Sie** unbenutzte Pflanzgefäße und Töpfe.

- **Befestigen Sie** Haken und Klammern für die Rankhilfen im kommenden Jahr.

- **Zwergkoniferen,** die jetzt in Töpfen stehen, verleihen dem Balkon eine schöne optische Note. Wenn es der Platz zulässt, sollten Sie nicht vergessen, Winterheide zu pflanzen, die gut zu den zweijährigen Zierpflanzen, wie zum Beispiel Nelken, Stiefmütterchen und Vergissmeinnicht, passt.

- **Schützen Sie mediterrane Sträucher,** wie Oleander oder Bougainvillea, vor der Kälte, indem Sie sie nachts in Luftpolsterfolie einpacken und die Töpfe vor Frost schützen.

- **Gießen Sie** sparsam, aber regelmäßig, solange das Wetter trocken und mild ist.

- **Schützen Sie** Petersilie und Kerbel unter einer Haube, um die Ernte zu verlängern.

- **Bringen Sie** das Basilikum am Ende des Monats ins Haus, um die Ernte zu verlängern.

- **Bringen Sie** einen Windschutz oder eine Plane am Balkongeländer an, um kalten Wind abzuhalten.

- **Entfernen Sie** das trockene Laub von einjährigen Kletterpflanzen an den Spalieren.

- **Ernten Sie** Petersilie, Lorbeerblätter, Rosmarin und Feldsalat, die im August gesät wurden.

- **Kontrollieren Sie** die Nistkästen, Futterstellen, Tränken und Vogelbäder. Bieten Sie den Vögeln auch geeignetes Futter an.

Klima

Seit 1995 findet jedes Jahr im November die Weltklimakonferenz statt. Ihr Veranstaltungsort ist wechselnd: Die erste dieser internationalen Zusammenkünfte war in Genf. 2021 dominierten die Berichte über das Treffen in Glasgow die Medien, nachdem die Umweltbewegung Fridays for Future den Klimaprotest auf die Straße und das Thema in jeden Bereich unseres täglichen Lebens gebracht hatte. Ziel der Konferenz ist es, die globale Erwärmung zu begrenzen. Den Rahmen dafür bildet heute das Pariser Abkommen von 2015, in dem sich die Staatengemeinschaft auf das 1,5-°C-Ziel festgelegt hat.

Dezember
Donnert's
im Dezember gar,
kommt viel Wind im
nächsten Jahr.

Der letzte Monat des Jahres ist voll von Festlichkeiten und den letzten Arbeiten, die auf dem Balkon zu erledigen sind.

- **Reinigen, desinfizieren und lagern Sie** leere Töpfe und Pflanzgefäße. Stellen Sie Tontöpfe, die frostempfindlich sind, weg.

- **Stellen Sie Töpfe oder Kübel** unters Dach, da schmelzender und herabfallender Schnee die Pflanzen beschädigen könnte.

- **Schützen Sie Pflanzen** indem Sie frostgefährdete Töpfe mit einer Schutzfolie umwickeln.

- **Entfernen Sie die Pflanzenuntersetzer** und stellen Sie die Töpfe hoch, damit das Wasser in den Töpfen keine Staunässe bildet. Schützen Sie empfindliche Pflanzen, indem Sie die Töpfe näher an die Wand stellen. Wickeln Sie sie gegebenenfalls mit einem Vliestuch ein.

- **Bei milderem Wetter** sollten Sie Töpfe und Pflanzgefäße, die vor Regen geschützt sind, sparsam gießen.

- **Binden Sie die Zweige** von Sträuchern mit brüchigen Ästen zusammen, um ihre Widerstandsfähigkeit gegen das Gewicht des Schnees zu erhöhen.

- **Kontrollieren Sie Ihre Pflanzen regelmäßig.** Ergreifen Sie Maßnahmen bei den ersten Anzeichen einer Krankheit oder eines Befalls und entfernen Sie befallene Teile. Beobachten Sie Ihre betroffenen Pflanzen aufmerksam.

- **Installieren Sie** neue Spaliere an den Wänden.

- **Die Krone Ihres Lorbeers** sollten Sie gut vor der Kälte schützen.

- **Ernten Sie** Lorbeerblätter und den im September gesäten Feldsalat.

- **Bringen Sie Farbe auf den Balkon** mit Nieswurz, besser bekannt als Christrose. Sie haben den Vorteil, dass diese Pflanze Temperaturen von bis zu −7 °C standhält.

- **Vögel sind immer darauf angewiesen,** dass Sie sie regelmäßig mit Futter und Wasser versorgen. Und sie freuen sich immer, wenn sie einen geeigneten Unterschlupf finden, wie einen Nistkasten, der hoch oben angebracht ist und dessen Öffnung nach Osten zeigt.

Berge

Die Vollversammlung der Vereinten Nationen hat den 11. Dezember zum Internationalen Tag der Berge erklärt. Der Tag wird seit 2003 jährlich begangen, um das Bewusstsein für die Bedeutung der Berge für das Leben zu schärfen, die Möglichkeiten und Grenzen der Entwicklung in den Bergen aufzuzeigen und Allianzen zu bilden, die positive Veränderungen für die Bergbevölkerung und die Umwelt weltweit bewirken.

ISBN 978-3-8094-4540-1

1. Auflage

Die Originalausgabe erschien auf Französisch unter dem Titel *La permaculture ça marche aussi sur mon balcon*
Programmleitung der Originalausgabe: Isabelle Jeuge-Maynart und Ghislaine Stora
Redaktionsleitung: Nathalie Viard
Redaktion: Sylvie Cattaneo-Naves und Philippine Richard
Artdirection: Géraldine Lamy
Gestaltung und Satz: Sophie Compagne
Coverdesign: Bastien Gélas
Herstellung: Marlène Delbeken

Bildnachweis
Alle Abbildungen © Shutterstock, außer:
© Adobestock: S. 9 Franz Peter Rudolf, S. 12 Matthias Buehner, S. 13 viktorcap.com, S. 15 haut monropic, S. 15 unten Matti Hillig, S. 17 Patrick Daxenbichler, S. 18 dusk, S. 19 oben ©Konstantin Dmitriev, S. 19 unten Katyanova Victoria, S. 20 karepa, S. 21 Basicmoments
© Biosphotos: S. 22 Flora Press / Marie O'Hara, S. 27, 35 Jean-Michel Groult, S. 29, 49 Flora Press / Helga Noack, S. 31, 37, 39 Friedrich Strauss, S. 33 Visions Pictures, S. 41 Derek Harris, S. 43 Visions Pictures / Jan de Koning, S. 45 Alexandre Petzold, S. 47 Frédéric Didillon, p. 53 Visions Pictures / VisionsPictures & Photography.

Projektleitung dieser Ausgabe: Dr. Iris Hahner
Umschlaggestaltung: Atelier Versen, Bad Aibling
Übersetzung: SAW Communications, Daria Schmitt
Satz: SAW Communications in Zusammenarbeit mit alles mit Medien, Anke Enders, Sprendlingen
Redaktion und Producing: SAW Communications, Redaktionsbüro Dr. Sabine A. Werner, Klein-Winternheim
Herstellung: Claudia Scheike

Penguin Random House Verlagsgruppe
FSC® N001967

Druck und Bindung: Alföldi, Debrecen

Printed in Hungary